孫子兵法今釋

鄭張歡 著

齊魯書社

序

前不久,老朋友興斌先生給我來電話,囑託為他擔任編輯的《孫子兵法今釋》寫篇序言。這些年,我也曾為一些書寫過序言,不過作者多是學術界相交多年的諍友,或者自己的學生輩,説話自可以隨便些。現在則要為一位素未謀面、祇是共同喜愛中國兵法智慧的朋友寫序,確實頗費躊躇。

學術著作卷頭放置一篇或多篇序言,在近年來已成慣例。惟寫序的規矩是什麽,應當説哪些内容,似乎還没有個固定章法。有人談與作者的交往和著書編書的甘苦;有人評價著述的學術地位和理論創新;甚至有人洋洋灑灑,由作序引申開去,闡發的却是自己的卓見高論;當然兼而有之的也不少。我全無上述信息優勢和學術功力,姑且僅作為書稿較早的讀者之一,談點個人感想吧。

毫無疑問,隨着“孫子兵法熱”在當今世界持續升温,受到中外各國領導人、企業界人士及專家學者的普遍重視,《孫子兵法》研究已成為一門顯學。從不同角度,以不同觀點闡釋這部世界現存最早的軍事名著的著述可謂多矣。那麽,《孫子兵法今釋》有哪些不同的特點呢?我以為有兩點頗值得關注:

一、不是照搬慣常的西學套路,而是站在中國傳統文化的立場上,力爭用中國傳統語匯來説話。

中華文化歷史悠久,博大精深,在世界文明發展的歷史進程中具有重要的地位。但隨着十九世紀西方文化大規模進入中國,"舶來"的西學範疇和概念成為挂在許多人嘴邊的常見詞匯,一些研究中華文化的學術著述也多用西方的學術體系、範疇和概念來套用或解釋中國傳統文化,頗有削足適履之嫌。

《孫子兵法今釋》從中華民族所信奉的事物義理邏輯的哲理(即易學的哲理)和事物自然邏輯的哲理(即其唯心論與唯物論、形而上學與辯證法的哲理)出發,認為孫武不僅受到以義理之世治思想文化的影響,同時也受到義理之兵治思想文化的影響,或也不同程度地受到孔子的儒家之學與老子的道家之學的影響,最後進行深入辨析、取捨,創立了與儒學相輔相成的兵家之學。所以,對《孫子兵法》的理論,更應當從與《易經》、《論語》、《老子》等中華元典的比較中去體悟,去把握。在歐洲文化的視野之下,對於中華兵學所論及的陰與陽、剛與柔、勝與負、攻與守、進與退、衆與寡、强與弱、奇與正、虛與實、利與害、勇與怯等諸範疇,持形而上學觀念的人認為是相對而言的,是事物的一種外在差别;持辯證法觀念的人認為是比較而言的,是事物的一種内在矛盾。對於中華傳統文化背景下産生的《孫子兵法》而言,這祇不過是一種在事物異性相處的過程中,一事物為求發展而産生的過程的内容與表現而已。在這一認識的基礎上,本書闡發《孫子兵法》十三篇文意時,着重强調了中華文化中自强不息、愈挫愈奮、勇於進取的精神,强調《孫子兵法》的政治價值更甚於軍事價值,强調孫子思想學説所建構的一幅民能生、國能保、世能安的社會圖景。

上述看法是否有道理,相信每位讀者在閱讀本書後,都會有自己的判斷。惟我對這種用"中國話"來詮釋中國文化的做法舉雙手贊成。畢竟用“外國瓶子裝中國酒”的路數讓我們多年來在解説中國文化内涵時常有深恨“言不盡意”之苦。當人們可以把打捲的舌頭伸平時,説起話來便順暢多了,也容易辭達其義。

二、不盲目信從他人解釋,而是通過比較分析,形成自己的新見解。

自漢末曹操註孫子以來,註家蜂起,講本繁多,見仁見智,理解不一。《孫子兵法今釋》無疑充分吸收了前人成果,却並不甘於人云亦云,做現成的“文抄公”,而是在創新上狠下了點工夫。

作者創新的途徑主要有三:一是以《孫子兵法》書内各篇文字相互印證發明。如談《兵勢篇》的“兵之所加,如以碫投卵者,虛實是也”一句,就要求參考《始計篇》的“攻其無備,出其不意”,參考《虛實篇》的“進而不可禦者,衝其虛也”。二是比較《孫子兵法》與《論語》、《老子》、《周易》諸書,説明它們在思想理念上的共通性。《孫子兵法今釋》的作者把兵家著作《孫子兵法》稱為“用兵之書”,把儒家著作《論語》稱為“治世之書”,認為這兩部書雖然在中國歷史上分别用來處理戰時或平時社會問題,但其思想理念却極為相似。如在思維方式上,在戰争與政治的關係上,在領導者的素質上,在對暴力手段和非暴力手段的選擇上等方面不乏相通之處,可以幫助人們理解孫子文義。其對《謀攻篇》“不戰而屈人之兵”的解説,引用了孔子的“桓公九合諸侯,不以兵車,管仲之力也”(《論語・憲問》);對《行軍篇》的“令素行以教其民”一語,引用了孔子的“民無信不立”(《論語・顔淵》),都是從兵儒融合、兵儒相通這一理念出發的。對《行軍篇》的“平陸處易,右背高”,引用《周易・師卦》的“師左次”,説明“右為退,左為進”的道理,也是基於兵家與易學在方法論上相通的緣故。三是引用中國革命戰爭的典型戰例，印證《孫子兵法》的作戰原則。這方面最典型的例子，是在解說《兵勢篇》時，以解放戰爭初期胡宗南雖然佔領了延安，却始終無法找到我軍主力，更找不到黨中央和總部機關，很快陷入被動挨打的境地這個例子，說明强弱易勢、攻守轉换的關鍵所在。

應當說，《孫子兵法今釋》一書之所以頗有“見人所不見，言人所未言”之處，與其上述努力是分不開的。

學術研究没有止境，它的每一個進步也都不可能盡善盡美。如果說《孫子兵法今釋》還有什麽值得進一步改進的地方，我以為作者今後在處理學術問題時還可以更加審慎。如作者因疑《九變篇》中有錯簡之處，在没有充分論證的情况下，就把“將受命於君，合軍聚衆”數字删去，似稍嫌輕縱。我說這話並非認為這一删除就是錯的，而是希望作者的論證能更加充分些，更令讀者信服，同時也寄希望於作者不斷有新的、質量更佳的學術成果問世。

劉　慶
己丑年秋月紅葉初染時於北京西山寓所

目　　録

緒言

縱論孫子及其兵學

《孫子兵法》一書,簡稱《孫子》,居中國兵家著作之首,與《周易》、《論語》、《老子》同爲中華民族衆多典籍中最爲重要的四部經典著作,自問世以來一直爲後世之政治家、軍事家所高度重視。所以,其不僅是一部中國古代兵家之學的極經典著作,而且是一部世界軍事之學的極經典著作。《孫子兵法》一書還極大地涉及了中華民族的人文思想與哲理思想,因此不但具有重大的兵學價值,而且更具有重大的哲學價值。今天,結合《周易》、《論語》、《老子》三書深入研究此書,對於一個民族如何立於世界民族之林並求得發展,仍有着不可低估的價值。

然而,在我國,有一些人似乎總是看不到這一點。他們凡事總要用直至近代歐洲的對事物的認識與理論來套一下,於是孔子義理的世治思想被套上了唯心論的先驗論與形而上學的帽子,從而遭到排斥與咒駡。孫子的命運算好一些,其在軍事理論方面的巨大成就雖已經爲造詣高深的學者所指出,但按某些人搬來的歐洲的理論套一下,最高也衹能授以樸素唯物主義與辯證法的稱號,離唯物論辯證法還有很大一段距離。這些做法,使得我中華民族科學的哲理思想文化被某些自己人所排斥、拋棄，以至於行將湮没，這對於我們這個自强不息的民族是極不公平的。

通過研究《孫子兵法》一書的深刻哲理，可以使我們看到孫子通過此書把天地萬物造化之理、陰陽五行萬物生克之義生動形象地展示在世人面前，可以使我們清楚地看到中國的易學哲理極爲博大精深之所在，同時還可以使我們清楚地看到中國的這個哲理不僅與世界上直至近代歐洲的唯心論的先驗論截然不同，也與其唯物論的實踐論截然不同，不但與其事物的變化由外在原因引起的形而上學之論截然不同，也與其事物的變化由内在原因引起的辯證法之論截然不同。因此，孫子兵學對於人們認識的提升及其在其他方面的價值自是不言而喻。也正因爲如此，今天深入研究《孫子兵法》一書的人文思想與哲理思想就顯得更爲重要，使我們不僅可以深入了解自己民族的思想文化理念所在，更可以深入了解自己民族的思想文化理念所以與别人的思想文化理念之區别，而這對於民族素質的真正提高是極爲重要的。

縱觀《孫子兵法》一書所闡述的用兵思想，與孔子的《論語》一書所闡述的世治思想相輔相成，貫穿着中華民族自强不息的民爲邦本、上下依存、天下協和而成事業的思想文化理念，對後世中國乃至近代中國乃至世界都産生了極爲深刻的影響。

從歷史上看，歐洲的一些國家與當時中國周邊的一些民族，一旦强大，對外即多以武力燒殺搶掠、擄人爲奴及進行殖民統治爲榮，而對内又多視民爲奴爲僕。如中世紀的英國就有以暴力驅除人民、焚燒民居大肆圈地之事。但是，中國則相反，是以追求協和相處爲目的，即使强盛起來也不以武力爲手段對其他民族進行燒殺搶掠，也不擄其他民族的人爲奴，更不對其他民族進行殖民統治，對以武力爲手段燒殺搶掠別的國家、民族不是以爲榮而是以爲耻，對内則多追求治道，追求國泰民安。所以，當時未融入中華民族社會的一些民族中，有些民族一旦强盛則以武力爲手段燒殺搶掠，而一旦融入中華民族後就再也没有燒殺搶掠過別的民族和國家。

從存亡興廢看，歐洲乃至世界上其他地方的一些國家、民族，與當時中國周邊的一些民族，如歐洲，在歷史上就有過幾次走向統一的局面，出現過羅馬帝國、亞歷山大帝國、奥匈帝國的時期，由於人們持有生命衹有一次，應好好享受每一天而追求侈靡生活、崇尚自然的思想文化理念和社會價值觀念，從而對外多以燒殺搶掠爲榮，内部上下之間人際之間則往往淡漠而冷酷，並且都是靠强大的武力維持其統治的，最終則一次再次地土崩瓦解而致小國林立的局面，或一旦被其他國家民族以武力征服或分割，則永遠不能再行復興與聚合統一。然而中國則相反，由於持有追求上爲國家民族昌盛、下爲子孫後代造福而崇尚義理的思想文化理念與社會價值觀念，不僅對外以燒殺搶掠爲耻，而且内部以得人心爲上而追求上下之間人際之間的協和，故能幾經分裂而再行統一、幾經覆滅而頑强復興。

從近代看，自清末至民初以來的長達一百多年間，列强不斷以武力大舉侵略中國，瘋狂燒殺搶掠，在極力奪取財物與土地的同時，千方百計企圖瓜分與消滅中國，但中國的各民族、中國的衆百姓，却有列强們預想不到的、世界上其他國家與民族無可比擬的凝聚力，面對深重災難與威逼利誘始終堅持統一，始終奮發抵抗，始終能屹立於世界東方。這在世界上應該是絶無僅有的，這些都是中國與歐洲及世界其他地方一些國家、民族由於不同的思想文化理念所産生的根本區别之所在。由此可見,我們現在有些人凡事總以歐美等國家、民族的種種理念爲是,總是説自己的文化不行、思想愚昧,不斷對自己的思想文化與歷史進行詆毁,而不明白自明清之際以至清末所以行"寧贈友邦,不予家奴"之政策而倍受燒殺侵掠之害的歷史原因之所在,應該是有愧於我們優秀的文化傳統、有愧我們自强不息的國家和民族的。

爲了對《孫子兵法》一書所闡述的以義理邏輯哲理爲核心的兵學思想有所認識,並能通過《孫子兵法》一書對中國義理邏輯哲理文化與歐洲及其他一些民族自然邏輯哲理文化的巨大差異有所了解,在研究《孫子兵法》一書前,將首先對孫子兵學所涉及的一些問題作一些必要的闡述,以深入其中而明瞭其義理與哲理之所在。

(一)對孫子兵學思想與理論所出問題的研究

孫子名武,其《孫子兵法》一書充滿着上兵伐謀與保國安民以共成生活的思想理念,與古來歐洲一些國家及當時中國周邊一些民族崇尚武力、肆行殺戮、殖民他人、據爲己有的思想理念截然不同。這固然同中國人信奉事物義理邏輯的哲理(即易學的哲理)與其信奉事物自然邏輯的哲理(即其唯心論與唯物論、形而上學與辯證法的哲理)息息相關,但孫子具體的兵學理論究竟源自哪裡?這是研究孫子兵學的一個首要問題。

考之史料,孫子爲齊人。而齊國係著有《太公兵法》輔佐文、武兩王克除惡貫滿盈的紂王而平定天下的姜尚的封地。姜尚爲四岳之後人,他所建立的齊國在諸夏中歷來重視以武力保國安民而爲軍事之强國,殷商遺民反叛后他曾率兵消滅支持叛亂的强國蒲始等。春秋時,姜尚後人桓公任管仲又復人修列太公之法安天下。齊與毗鄰的魯國情形有所不同,魯注重以義理邏輯哲理的思想文化治世,周室衰微後韓宣子等曾稱頌“周禮盡在魯矣”(《左傳·昭公二年》)。齊則爲注重以義理邏輯哲理的思想文化進行兵治之國,周室衰微後孔子曾稱頌“管仲相桓公,霸諸侯,一匡天下,民到于今受其賜”(《論語·憲問》)。但這二個毗鄰之國情形又極相似。孔子雖説“齊一變,至於魯;魯一變,至於道”(《論語·雍也》),是説齊的義理世治不及魯,却又能“在齊聞韶,三月不知肉味”(《論語·述而》),是説齊的先聖文化過於魯。由此可見,齊與魯雖有不同,但都爲中華民族先聖先賢之治道思想盛行之國。孫子生長於齊國,與孔子、老子等同爲春秋末期人,由於世之争戰與紛亂迭起,在魯的孔子爲挽救世道、挽救民生而積極辨學、奔走呼號並創立了儒學。老子見周室衰微,興復無望,認爲世道不可救,需改變世道建立大道生活之世而一反孔子的儒學,並創立了道家之學。齊國的孫子因不僅受到中華民族傳統的以義理之世治思想文化的深刻影響,同時受到中華民族傳統的義理之兵治思想文化的深刻影響,或也不同程度地受到孔子的儒家之學(順註:孔子有較長一段時間適齊,並在齊教授學生)與老子的道家之學的影響,最後進行深入辨析、取捨,創立了與儒學相輔相成的兵家之學。孫子於是成爲吴國將帥,由是吴“西破强楚,入郢;北威齊、晉,顯名諸侯”(見《史記·孫子吴起列傳》)。這説明,孫子深受中華民族聖賢思想的影響,深受中華民族特有的義理邏輯哲理的世治與兵治思想的薰陶,從而著成傳世名作《孫子兵法》,反過來又極大地影響了中國特有的治世安世的哲理思想文化體系的形成。

(二)對孫子兵學思想與孔子儒學關係問題的研究

研究《孫子兵法》之書而對照《論語》之書(見拙著《論語今

釋》,二〇〇七年十月齊魯書社出版),雖前者爲用兵之書,後者爲治世之書,但人們却可以發現,二者的思想理念極爲相同,如出一轍。

如孔子重視易學的運用,講“加我數年,五十以學《易》,可以無大過矣”(《論語·述而》);孫子亦極重視易學的運用,講天地之化、陰陽之變、剛柔兼得、五行之勝,講“天者,陰陽、寒暑、時制也;地者,遠近、險易、廣狹、死生也”(《始計篇第一》)、“五行無常勝,四時無恒位”(《虛實篇第六》)、“難知如陰”(《軍爭篇第七》)、“通九變之利”、“知九變之術”(《九變篇第八》)、“剛柔皆得,地之理也”(《九地篇第十一》),等等。

又如,孔子講“足食、足兵,民信之矣”,孫子開首就講“兵者,國之大事”;孔子講“仁”與“義”,孫子亦講“仁”與“仁義”;孔子講“道千乘之國,敬事而信,節用而愛人,使民以時”,孫子亦講“道者,令民與上同意,可與之死,可與之生,而不畏危也”、“明主慎之,良將警之”;孔子講“舉賢才”,孫子亦講“將孰有能”、“知兵之將”;孔子講君子“智”、“信”、“仁”、“勇”、“重”,孫子亦講“將者,智、信、仁、勇、嚴也”;孔子講“桓公九合諸侯,不以兵車,管仲之力也”,孫子亦講“不戰而屈人之兵,善之善者也”;孔子講“政者,正也”,孫子亦講“正以治”;孔子講“民無信不立”,孫子亦講“令不素行以教其民,則民不服”;孔子講“修己以安百姓”,孫子亦講“修道而保法”;孔子講“刑罰不中則民無所措手足”,孫子亦講“法令孰行”、“賞罰孰明”;孔子講“以不教民戰,是謂棄之”,孫子亦講“兵衆孰强”、“士卒孰練”;孔子講“富之”、“教之”,孫子亦講“人情之理,不可不察也”;孔子講三軍之帥“必也臨事而懼,好謀而成者也”,孫子亦講“能因敵變化而取勝者,謂之神”;孔子講“君子之於天下也,無適也,無莫也,義之與比”，孫子亦講上將“進不求名，退不避罪，唯民是保”；孔子“不語怪、力、亂、神”，孫子亦“禁祥去疑”、講“不可取於鬼神”；孔子講“苟有用我者，期月而已可也，三年有成”，孫子亦講“將聽吾計，用之必勝，留之”，等等。

二書對照，不勝枚舉，可見二者的思想理念幾乎相同，祇是學術方向實踐領域有所不同而已。因此，如果像我們的有些人那樣，一定要把孔子定義爲反動没落的奴隸主階級的思想代表人物，那孫子不就應定義爲反動没落的奴隸主階級的兵家代表人物了嗎？那麼，又如何理解毛澤東等老一代革命家在戰争中指揮革命軍隊以落後武器打敗擁有現代化武器的敵人時，對孫子兵學的高度贊揚呢？所以，這些人由於不懂得孫子兵學思想與孔子儒學思想的相輔相成，構成着與古往今來與歐洲及其他一些國家、民族以燒殺搶掠他人、進行殖民統治的思想理念完全不同的中華民族特有的文化理念，從而方能够有中華民族在世界民族之林中長久存在的局面與自强不息愈挫愈奮勇於進取的精神留傳後世。因而，中華民族的這個由孔子、孫子等聖賢傳承光大的主體文化理念，不僅不應該受到詆毁，而且值得我們尊崇，從而成爲我們在實現民族偉大復興過程中從中汲取精神力量的源泉。

（三）對孫子兵學思想應用問題的研究

《孫子兵法》一書不僅軍事價值重大，而且政治價值更甚於軍事價值，其學説勾畫了一個民能生、國能保、世能安的圖景。

在統攝全書的首篇中，孫子首先强調君主的治世與用兵之道、將帥的能力作爲與用兵征戰之事。他强調君主應“有道”，將帥應“有能”、應以“智、信、仁、勇、嚴”爲本。他認爲，判斷君主是否“有道”,必須考察百姓能否與君主意志相通、能否做到“可與之死,可與之生,而不畏危”。這是中國歷來朝政多以追求“有道”、追求上下依存、重民之所在,也是中華民族區别於其他國家民族爲政之所在。

在第二篇中,孫子强調“不盡知用兵之害者,則不能盡知用兵之利”,並强調在用兵過程中應十分注意“國之貧”、“百姓貧”的問題,從而提出了“兵貴勝,不貴久”的思想。這是中國歷來朝政多以追求少用兵及與民休息之國策的思想理論來源之所在,也是中華民族之爲政區别於其他民族之爲政的區别所在。從上個世紀下半葉强大的蘇聯因對小國阿富汗的戰爭不能决而導致拖垮、當今世界可謂最富强的美國因對伊拉克和阿富汗兩中小國的戰爭拖延不能决而導致出現嚴重金融危機等的重大事件中,完全可以看出這一思想真乃顛撲不破的真理。

在第三篇中,孫子强調國與國之間應化敵對爲不敵對、化從敵爲從我、化不從敵也不從我爲友我而立於天下的思想,强調“夫用兵之法,全國爲上,破國次之;全軍爲上,破軍次之;全旅爲上,破旅次之;全卒爲上,破卒次之;全伍爲上,破伍次之;是故百戰百勝,非善之善者也;不戰而屈人之兵,善之善者也”的“必以全争於天下”的使世能安的進取之道,這是中華民族區别於世界上任何一個崇尚武力以殺戮殖民爲進取之道的國家民族之根本所在,也是中國以往在强盛時也從不以武力燒殺搶掠别的民族、而與周邊民族能够和睦相處之根本所在。

在第四篇中,孫子强調“能自保而全勝”的“善用兵者,修道而保法,故能爲勝敗之政”的思想。這是古來歷代名將、軍事家所以體恤士兵、所以不擾百姓而得兵民擁護之重要原因所在,也是毛澤東、劉少奇、周恩來、朱德、鄧小平及其他共和國將帥所以愛兵、所以得民擁而立於不敗之地的重要原因所在。

在第五篇中，孫子强調"凡治衆如治寡，分數是也；鬥衆如鬥寡，形名是也；三軍之衆，可使必受敵而無敗者，奇正是也；兵之所加，如以碫投卵者，虛實是也"的治軍與用兵相統一的思想。

在第六篇中，孫子强調"兵無常勢，水無常形，能因敵變化而取勝者，謂之神"的藝術用兵的思想。這一藝術用兵的思想，是古來名將、軍事家所以受敵不敗而能制勝之重要原因所在，也是毛澤東、劉少奇、周恩來、朱德、鄧小平及共和國其他將帥所以能够受敵不敗並克敵制勝的重要原因所在。

在具體用兵問題上，自第七篇中孫子强調的"以迂爲直"的用兵思想，第八篇中孫子强調的"通九變之利"、"知九變之術"的因敵應變既得地利又得人用的用兵思想，這是古來歷代名將、軍事家所以能使敵無可勝我而被我勝之重要原因所在，也是毛、劉、周、朱、鄧及其他共和國將帥所以能够使敵無可勝我而被我所勝之的重要原因所在。

在第九篇中孫子强調的"兵非貴益多，唯無武進，足以并力，料敵，取人而已"的精兵思想，在第十篇中孫子强調的"知彼知己，勝乃不殆；知天知地，勝乃可全"的必勝、全勝思想，這是古來歷代名將、軍事家所以能以少擊衆讓敵防不勝防之重要原因所在，也是毛、劉、周、朱、鄧及其他共和國將帥所以能以少勝多讓敵防不勝防的重要原因所在。

在第十一篇中孫子强調的"齊勇若一，政之道也；剛柔皆得，地之理也"與"九地之變，屈伸之利，人情之理，不可不察也"的携手决敵的思想，在第十二篇中孫子强調的"戰勝攻取而不修其功者凶"、"主不可以怒而興師，將不可以愠而致戰"的"明主慎之,良將警之"的安國全軍的思想,在第十三篇中孫子最後强調的"相守數年,以争一日之勝,而愛爵禄百金,不知敵之情者,不仁之至也,非人之將也,非主之佐也,非勝之主也"與"昔殷之興也,伊摯在夏;周之興也,吕牙在殷;故明君賢將,能以上智爲間者,必成大功,此兵之要,三軍所恃而動也"的應世應民的思想,這是古來歷代名將、軍事家成就大功之根本原因所在,也是毛、劉、周、朱、鄧及其他共和國將帥所以能得人心並成就事業的根本所在。

通過上述分析,我們不難看出,孫子兵學思想對於整個中國乃至整個世界的真理性與重大價值之所在,這也是我們今天所以要深入研究它之重要原因所在。

(四)對孫子兵學哲理來源問題的研究

《孫子兵法》一書的哲理,與《老子》一書(見拙著《老子今釋》,齊魯書社二〇〇八年十月出版)的哲理截然不同。《老子》一書所貫穿的是自然邏輯哲理的思想,與歐洲人及一些外民族的哲理思想相類,而《孫子兵法》一書所貫穿的是義理邏輯哲理的思想,與《論語》一書的哲理思想一致,但主要用於戰場上的克敵制勝,同爲中華民族特有的對事物進行義理辨析而用於實踐的哲理思想。它與歐洲及其他一些民族由感受到相應思維而至作爲所産生的哲學邏輯理論截然不同。歐洲及其他一些民族所産生的哲學邏輯理論可歸結於他們對日由東出至西而落的情形過程由感受而産生的相應的認識,並由相應的認識産生出教會的地心説與後來哥白尼的日心説,産生出直至近代歐洲的唯心論的先驗論與唯物論的實在論、形而上學的事物運動的外在引起論與辯證法的事物運動的内在引起論及其自然邏輯的哲學理論。

《孫子兵法》深貫易理，所闡述的是由感受至義理思維而至作爲所產生的哲學邏輯的理論，所產生的哲學邏輯理論可同樣歸結於人們對日由東出至西而落的情形過程由感受而至深入的義理辨析，從而得出天地與人世萬物凡異性之間皆處於互動互變的過程之中的深刻認識。這在五千年前伏犧氏始作"以通神明之德，以類萬物之情"的八卦圖説中就極而言之，並由此產生出把異性相處中以呈現剛性健性者爲陽、呈現柔性順性者爲陰，從而察看異性事物各表現爲不同的復雜的互動互變情形的整個過程而爲之用的義理邏輯的哲學理論。

對此，整部《周易》有充分的論述（見拙著《周易今釋》，齊魯書社二〇〇六年六月出版）。其後，周代的《逸周書》稱"天道尚左，日月西移。地道尚右，水道東流。人道尚中，耳目役心"，《黄帝内經》則稱地憑"大氣舉之"，漢代馬融註《周易》稱"日隨天左旋也"，如此等等，不一而足。因而，中華民族的這些文化元典所闡述的觀念也就與歐洲及其他一些民族截然不同。對歐洲及其他一些民族來説，陰與陽、剛與柔、勝與負、攻與守、進與退、衆與寡、强與弱、奇與正、虚與實、利與害、勇與怯等等，持形而上學觀念的人認爲是相對而言的，是事物的一種外在差别；而持辯證法觀念的人則認爲是比較而言的，是事物的一種内在矛盾。而孫子通過其書，説明這是一種在事物異性相處的過程中，一事物爲求發展而産生的過程的内容與表現而已。這個義理的認識及其哲理，正是中華民族區别於其他民族的原因所在，這也應該是人類直至今日對天地人事萬物所以運行變化而爲用的認識與哲理的真正真理之所在。

這個義理的哲學邏輯理論出自於中國的易學哲理體系。孫子兵學的哲理正是以此爲根據的，它以中國易學天地萬物陰陽造化法則爲本，以五行之生息勝克規律爲用。《孫子兵法》全書以此爲綱，自首篇始而至十三篇終，一以貫之，深奧幽微，精妙無窮，把天地萬物陰陽造化之理、五行生息勝克之義，活生生地淋灕盡致地展現在人們的面前，閃爍着中華民族所特有的哲理思想的光輝，與《論語》殊途而同歸，實爲治世安世經典中之經典。

附圖一：

中國易學天地萬物之陰陽造化圖（見拙著《周易今釋·卷首》）

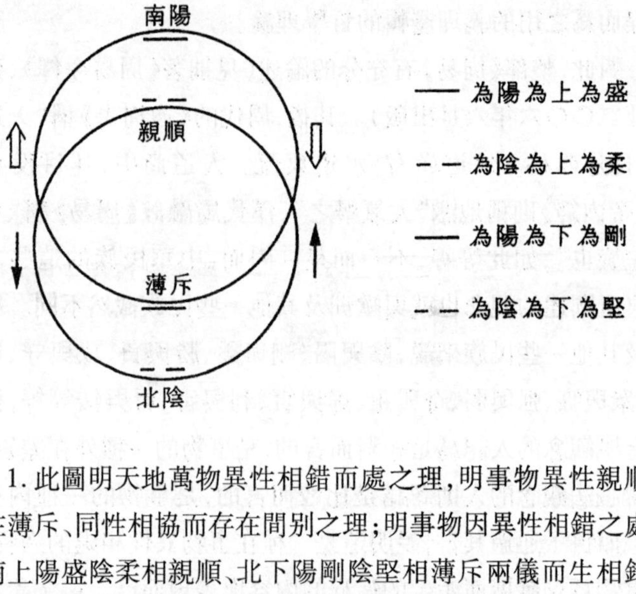

1. 此圖明天地萬物異性相錯而處之理，明事物異性親順而存在薄斥、同性相協而存在間別之理；明事物因異性相錯之處而生南上陽盛陰柔相親順、北下陽剛陰堅相薄斥兩儀而生相錯運行之理，明萬物因陰陽異性之處而生運行演化之理。

2. 此圖明事物異性之處而生互動互變過程之理，明陰陽異性之處事物各表現爲不同的互動互變情形過程之理，明人的感受如何由其的事物異性之處如何而生之理。

3. 此圖明孫子的"兵者,國之大事,死生之地,存亡之道,不可不察也"之理。

4. 此圖明事物異性之處雙方可互易、高下可重成、趨勢可瞬變之理,明孫子所以"能而示之不能"、"不可勝在己,可勝在敵"之理。

5. 此圖明事物異性之處過程中,陽方如不能剛起必與陰柔順合而没,陰方如不能柔生必被剛陽除斥而别而必成性命之絶、造化之終之理。

附圖二:

中國易學五行萬物之生息勝克圖(見拙著《周易今釋·卷首》)

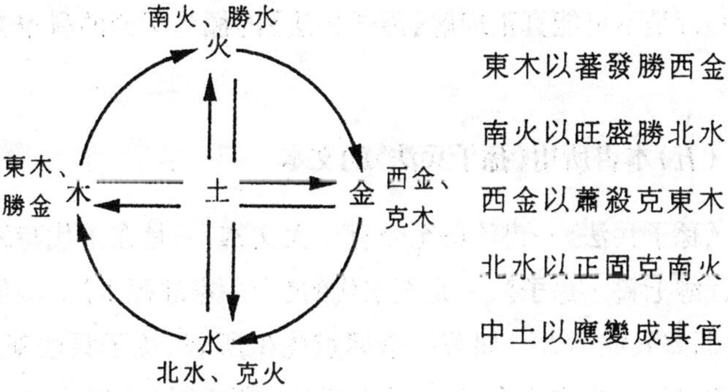

1. 此圖明五行萬物相錯而居之理,明萬物由水生木、由木生火、由火生金、由金生水之理。

2. 此圖明事物異性對應而生勝克之理,明水需金而成寒水克火、木需水而成春木勝金、火需木而成炎火勝水、金需火而成秋金克木之理。

3. 此圖明要辦成一事情應察視與此有關的各個事物對此之生息勝克情形及它們之間的關聯之理,明對敵我事物的生息勝克需隨機應變爲用而成事成業之理。

4. 此圖明五行萬物運行變化無窮,在事物的互動互變情形過程中生息勝克玄機重重之理。

5. 此圖明孫子的"能因敵變化而取勝者,謂之神"、"故五行無常勝,四時無恒位,日有短長,月有死生"之理,明孫子的"知彼知己,勝乃不殆;知天知地,勝乃可全"之理。

從對上述二圖的研究可見,孫子兵學以中國易學天地萬物陰陽造化之理爲本,以五行生息勝克之義爲用,並以此統攝而成國家之興師、將帥之用兵在各種復雜危難的情形下克敵制勝之所在。由此可見,不懂我中華民族易學天地萬物陰陽造化之理、五行生息勝克之義,而以近代歐洲的一套爲是、不去進行認真研究的人,是不可能真正理解《孫子兵法》的極爲深刻的科學哲理的。

(五)本書所用《孫子兵法》的文本

《孫子兵法》一書流傳至今有二大文本,一是在宋代時編纂的《武經七書·孫子》,一是至宋代的《十一家註孫子》。兩個文本之間差異並不大。拙著以李興斌先生所著《孫子兵法新譯》(齊魯書社一九九九年十一月出版)一書所用《武經七書·孫子》爲底本,對原文中不當、欠缺或錯簡之處,則進行了一定的改動與損益,對改動與損益的地方均以〔 〕號註出,或在註文中加以說明,對没有改動的錯簡地方則也在註文中加以說明,以供讀者參考。而於註文,則主要吸收李興斌先生的成果,並附以鄙人的淺見。

對《孫子兵法》十三篇,鄙人覺得應分爲二卷爲宜:上卷自首篇《始計篇第一》至《虛實篇第六》,此六篇主要論述用兵之宏觀的戰略問題;下卷自《軍爭篇第七》至尾篇《用間篇第十三》,此七篇主要論述用兵之具體的戰術問題。至於各篇中章節劃分,則參考了李氏的劃分而取之爲用。

總之,拙著吸收李興斌先生的成果甚多,特在此說明。至於上、下卷劃分是否妥當,文中所註所釋是否準確、恰當,解說能否一以貫之,以及書中存在的錯誤之處,還需請學界前輩與讀者不吝賜教,本人將不勝感激。

鄭張歡
國曆己丑年五月,西曆二〇〇九年六月於杭州

上卷

始計篇第一

計,計議、計謀。李氏曰:“計,本義是計算,引申爲謀劃、制定(作戰計劃)和計謀之意。”“篇”字,原本無,據《十一家註孫子》文本補,下同。

一章

孫子曰:兵者,國之大事,死生之地,存亡之道,不可不察也。

【註】

兵者:人世保國安民之剛物,今謂之鋼鐵軍隊,泛指兵衆、兵器、兵戎,又指爲興師用兵之道。死生、存亡:指人世陰陽生變、剛柔相易之事。

【釋】

孫子説:兵衆的素質、兵器的優劣、兵戎的如何及興師用兵之道的如何,關係到國家於世於民所行的元、亨、利、貞四德之政的大事,關係到將帥與兵衆在争戰之地的死生,關係到上至君主下至萬民賴以生存的社稷之道的存亡。因此,對兵衆的素質、兵器的優劣、兵戎的如何及其興師用兵之道的如何，不可以不詳加察視與計議。

【按】

此為《孫子兵法》首篇首章，孫子在開首就以兵事言事物的義理辨析與邏輯之理，説明兵事的如何關係到整個國家的政治、經濟與生活各個方面之事如何，與用戰將士死生之事如何、萬民生存之事如何的陰陽之變化、剛柔之相易，説明兵事如何於保國安民之重要所在，强調國家對兵事如何必須十分重視並詳加察視與計議之重要所在。參孔子的“足食，足兵，民信之矣”（《論語·顏淵》）之義。

【章按】

此章爲孫子兵學的整個立論與入門的綱要所在。孫子在此章貫穿着中國易學的陰陽之所化、剛柔之所得之理，説明重視兵事對於保國安民之重要所在。從孫子的這一以兵事之道保國安民的思想中可以看到，與遠祖黄帝於國之艱難創業克勝四帝而有中華之始，直至唐堯、虞舜、大禹爲保國安民克除凶頑的能勝侵掠而有中華之興的世治與兵事之道思想是一脉相承的；同時還可以看到，孫子的這一兵學思想理念與古來歐洲的一些國家和當時中國周邊的一些民族以武力燒殺搶掠、殖民别國的思想理念截然不同。

二章

故經之以五事，校之以計而索其情：一曰道，二曰天，三曰地，四曰將，五曰法。

【註】

五事：即與興師用兵相關的五行之事。道：治道。李氏曰：“道，本義爲道路,引申爲道理、規律等。這裡指統治者的爲政狀況。”

【釋】

故而對國家的興師用兵如何應首先察視與此相關的互有聯係的五行之事,爲進行研究校核産生計劃而必須探索獲取其真實情形:其一爲治道如何,其二爲天時如何,其三爲地利如何,其四爲將才如何,其五爲法令如何。

【按】

此節孫子言對興師用兵的五行之事如何進行義理辨析,説明興師用兵産生計劃應探索與此相關的互有聯係的五行之事。而在索其情中,孫子首先提出的是治道如何的問題,也即為君為上者於世於民的為政情形是否可以用兵的問題。由此可見,孫子的思想中貫穿着孔子所贊揚的堯、舜、禹、湯至文、武於世之治道的理念。

道者,令民與上同意,可與之死,可與之生,而不畏危也。

【註】

同意:二字之義古今有所差别,此指爲上下同心,贊同、擁護之義。李氏曰:令民與上同意,就是要讓民衆與國君同心一意。

【釋】

爲君爲上者治世有道,合乎民之所向,必使百姓贊同擁護爲君爲上者的主張,可與之爲興師用兵之事死,可與之爲興師用兵之事生,而不會畏懼危難之所在。

【按】

此節孫子言治道如何於兵事的義理辨析與邏輯之理,説明衹有為君為上者治世有道,方能萬民不畏危難而有用兵之偉力,從而說明為君為上者於世有道與無道是能否興師用兵的關鍵所在。對此,即使以今之世界上的國家而言,也仍是顛撲不破的真理。

天者,陰陽、寒暑、時制也。

【註】

陰陽:這裡泛指陰陽順逆之理。時制:指掌握有利天時之可乘時機爲己所用。

【釋】

在興師用兵中,要掌握以天時之順利還是反逆、豐兆還是災情、寒閑還是暑忙等等有利、可乘之機爲己所用。

【按】

此節孫子言天時如何於兵事之義理辨析與邏輯之理,說明以天時的制用如何興師用兵,即以天時的有利可乘時機而興師用兵之重要所在。孫子在此把天時作為五行之二是有特殊意義的,如二戰中希特勒進攻前蘇聯因不曾計議嚴寒冬天來臨而致敗潰即是典型的一例。

地者,遠近、險易、廣狹、死生也。

【釋】

在興師用兵中,要掌握以地利之是遠還是近、是險還是易、是廣還是狹等等以成敵死我活之局面。

【按】

此節孫子言地利如何於兵事的義理辨析與邏輯之理,說明以地利的情形如何興師用兵,即以地利的趨利避患為用而用兵之重要意義。孫子在此把地利作為五行之三同樣具有特殊意義,如毛、劉、周、朱、鄧及其他共和國將帥在戰勝持先進武器的强大敵人時,許多就是以地利為用而成敵死我活之勝局的。

將者,智、信、仁、勇、嚴也。

【釋】

在興師用兵中,將帥的作用是非常重要的,將帥料敵取勝要有智慧,於君於民要有誠信,對自己的兵士和對敵方的百姓要有仁德,臨敵突如其來要有勇氣,治軍行師要紀律嚴明。

【按】

此節孫子言將才如何於兵事的義理辨析與邏輯之理,説明選用將才的具體標準如何。孫子在此把將才作為五行之四同樣具有特殊意義,如毛、劉、周、朱、鄧及其他共和國將帥確定戰略方案後,選派合適將領去應對去完成,就是知人善任之例。

法者,曲制、官道、主用也。

【註】

曲制:曲,《尚書·洪範》箕子曰"木曰曲直",即草木初生爲曲而爲直;辰從曲爲農,即由曲爲直草木之培育需從辰起而爲農。由此可見曲制者,是言於世之種種法令要與用兵之道相適應,使參戰將士兵衆能由曲成直成爲勝敵之力量。

【釋】

在興師用兵中,世之相適應的法令不僅對參戰將士的作用非常重要,而且君主之於參戰將士的具體政策、措施的施行也同樣非常重要,使參戰將士能以此而成戰時之勇猛頑强。

【按】

此節孫子言法令如何於兵事的義理辨析與邏輯之理,説明以法令的相應如何興師用兵，即以世之法令與措施的相應而激勵將士及用兵之重要所在。實事求是地説，孫子在此把法令作爲最終之五具有特殊的重要意義。

凡此五者，將莫不聞，知之者勝，不知者不勝。

【釋】

凡此道、天、地、將、法之於興師用兵的五行之事如何，將帥應莫不心中有數，對此能知能爲用者勝，不能知不能爲用者不勝。

【按】

此節孫子言應知興師用兵如何的五行之事，説明爲將者必須知此五事並能用之者方能獲勝。

故校之以計而索其情，曰：主孰有道，將孰有能，天地孰得，法令孰行，兵衆孰强，士卒孰練，賞罰孰明。吾以此知勝負矣。

【註】

此節的“故校之以計而索其情”與此章首節的“校之以計而索其情”，二句之義有別，前者爲國家的興師用兵言；後者多一“故”字，爲將帥的用兵作戰言。

【釋】

故而將帥對用兵經戰如何應從七個方面之情形進行研究：其一爲如何以實際情况上達君主並能調撥相應兵力、提供相應保障、頒行相應法令、落實相應措施，以成用兵經戰勝算之道（參《用間篇第十三》的“五間之事，主必知之”之義）；其二爲如何使各軍將領能根據戰情，或獨當一面，或有機配合，或臨危不懼,或謀劃請纓,以成戰敵之用;其三爲如何以天時之變化成其所利、化其所弊與地利之險易成其所爲、避其所害,以成擊敵之用;其四爲如何使世之法令與軍之法令在軍中貫徹落實,使將士皆覺合法合理,使軍心凝聚,以成攻敵之用;其五是如何使兵衆在遭遇强敵突襲、勁敵相決、敵利我弊、敵强我弱等等情況下能頑强作戰,以成抗敵之用;其六爲如何使士卒應對所臨的復雜艱難戰局進行操練使之過硬,以成勝敵之用(參孔子的"以不教民戰,是謂棄之"《論語·子路》之義);其七爲如何使經戰將士功之大小多少能不冒報虚報又不遺漏遺忘而行獎勵,對過之大小能察明實情分明職責恰如其分進行處罰,以成後續之用。我以此七個方面之事觀之,則能知其軍經戰能勝還是不能勝之所以然了。

【按】

此節孫子言用兵經戰之七情,説明將帥必須明此七情,勵精而治,則勝已在其掌握中之理。對此,世界上能勝之軍莫不如此(參《軍形篇第四》的"不可勝在已,可勝在敵"之義)。以孫子所言,觀今日世界,知其仍是顛撲不破的真理。又按:從此節也可看出,孫子把君主作為兵事之首而以將帥圖治為用之根本所在。

【章按】

此爲《孫子兵法》首篇二章,孫子爲興師用兵之道進一步立論,貫穿着中國易學的五行萬物生息勝克之義,説明國家的興師用兵如何需以相關的互有聯係的五行之事索取其情,即以興師用兵五事的"五曰法"爲東春木成蕃發、"四曰將"爲西秋金成蕭殺、"三曰地"爲北寒水成貞固、"二曰天"爲南暑火成通達、"一曰道"爲中土君成所宜的五行嚴整之列布而索取其情;將帥的用兵經戰如何需以此而求索七方面之情形。由此可見,孫子是把其兵學建築在中國易學的嚴密科學基礎之上的。

三章

將聽吾計，用之必勝，留之。

【釋】

君主與將帥如果聽從我上述的興師用兵五行之事及其用兵經戰七情之事的計議，能認真謀劃落實，用之經戰必勝，我就留下。

【按】

此節孫子言世義，説明君主與將帥如能聽從上述興師用兵五行之事與經戰七情之事的計議，用之經戰必勝之所在。

將不聽吾計，用之必敗，去之。

【釋】

君主與將帥如果不聽從我的上述計議，用之經戰必敗，我就不能與之共事，必須離去。

【按】

此節孫子言世理，説明君主與將帥如不能聽從上述興師用兵五行之事與經戰七情之事的計議，用之經戰必敗之理。

【章按】

此章孫子言世義世理，强調了國家用兵的五行之事與將帥經戰的七情之事的重要性，説明對此祇有認真謀劃落實方能克敵制勝之理。

四章

計利以聽，乃爲之勢，以佐其外。

【註】

勢:所行謂之勢。

【釋】

對國家興師用兵五行之事、將帥用兵經戰七情之事,大家能知計其利而聽,則應以此爲依據興師佈勢,以佐成對敵之戰事。

【按】

此節孫子言事物的義理邏輯之理,説明對所言國家用兵五行之事、將帥經戰七情之事,能實現並踐行,則必佐成對敵戰事之要害所在。

勢者,因利而制權也。

【註】

權:李氏曰:"權,本指秤砣,引申爲權衡、權變。"這裡是形象地説明要像操縱秤砣稱量物體輕重那樣根據是否有利而採取相應的權變行動。

【釋】

至於對興師用兵五行之事、用兵經戰七情之事在具體問題上的如何實行,則君主與將帥應根據如何趨利避害從各方面加以權衡並付諸實施。

【按】

此節孫子言事物的義理辨析,説明對興師用兵五行之事與用兵經戰七情之事,君主與將帥應從各方面進行權衡,然後趨利避害,付諸實施,以佐成戰事之要害所在。

【章按】

此章孫子總言國家對興師用兵相關的五行之事與將帥用兵經戰有關的七情之事的落實,必須深入辨析,權衡利弊,而佐成對敵戰事之理。

五章

兵者,詭道也。

【註】

詭道:以詭爲而成克敵制勝之道。

【釋】

將帥用兵經戰,應以詭爲而成克敵制勝之道。

【按】

此節孫子言萬物演化變遷無窮之理,説明用兵經戰,將帥應以詭為而成克敵制勝之道所在。

故能而示之不能,用而示之不用;近而示之遠,遠而示之近。

【釋】

故用兵經戰的將帥,於敵應以能而示之不能、用而示之不用、近而示之遠、遠而示之近爲經戰之道。

【按】

此節孫子言以物形的如何因變為用,説明將帥於敵經戰絕不可有所輕視而又企圖克敵制勝之道理所在。

利而誘之,亂而取之;實而備之,强而避之;怒而撓之,卑而驕之;佚而勞之,親而離之。

【釋】

使敵覺得有利可圖而加以引誘,在敵未站穩脚跟混亂時乘機攻取之;在敵力量充實時防備之,在敵力量强大時則避開它;在敵忿怒尋戰時撓亂其心,在敵受挫卑守時則驕傲之;在敵安頓休整時疲勞之,在敵相互親近時則離間之。

【按】

此節孫子言以物情的如何因變為用,說明用兵經戰將帥應誘敵、勝敵、防敵、避敵、亂敵、驕敵、勞敵、間敵而成克敵制勝之局的道理所在。

攻其無備,出其不意。

【釋】

應攻敵之没有準備或不及準備之時,出敵之不曾料想或不及料想之間。

【按】

此節孫子言以物隙的如何因變為用,說明經戰將帥應借此而成克敵制勝之局的道理所在。

此兵家之勝,不可先傳也。

【釋】

凡此種種而成克敵制勝之結局,都有因時因地因敵各種情形的不同而有戰爭實踐的不同,因此不可能先有具體的定式而傳授給各軍將領。

【按】

此節孫子言戰事之變化層出不窮,說明凡事應根據敵人的實際情況及其變化如何方能作出切實的舉措而勝敵之道理所在。

【章按】

此章孫子總言將帥應以事物及其變化的情形爲用而成克敵制勝之道,同時也從反面論述了應刻意防敵而不被敵所乘之道理所在,並强調對具體戰局不可先有定式傳授之理。

六章

夫未戰而廟算勝者,得算多也。

【註】

廟:將帥用兵的中樞所在,即現在的高層軍事謀劃、指揮機構。廟算:李氏曰:“古代出兵作戰之前,一般都要在廟堂中舉行會議,分析利弊得失,謀劃作戰方案,預測戰爭勝負。算:本爲‘筭’,爲計數用的籌碼,多用竹子製成,這裡是計算之義。古人所説的算、筭、策,均爲計算工具,又可引申爲計算、運籌、决策之義。”

【釋】

在經戰前,將帥應集結各軍將領、謀僚對己之用兵七情之事與敵之用兵七情之事,進行各個方面的優劣利弊比較與辨析,揚長避短,因敵變化,從而算出所以得勝的條件,則我之各方面的得算必多而切中要害。

【按】

此節孫子言戰前應對敵我事物進行深入辨析計議與謀算,説明將帥絶不能盲目用戰之道理所在。參見《軍形篇第四》的“是故勝兵先勝而後求戰,敗兵先戰而後求勝”之義。

未戰而廟算不勝者,得算少也。

【釋】

未經戰前的辨析計議與謀算認爲是不能得勝的,必是不能詳盡地進行揚長避短與因敵變化的謀劃原因,結論是得算少的緣故。

【按】

此節孫子言辨析計議與因敵謀算之重要,説明用戰前認為不能得勝的必是得算少而致之的道理所在。參見《兵勢篇第五》的“兵之所加,如以碫投卵者,虛實是也”之義。

多算勝,少算不勝,而況於無算乎!

【釋】

雖兵力有足與不足,戰地有遠與近,供給有便與不便,天時、地利之得有多與少等等不同,但通過細密謀算可由不利變爲有利,從而克敵制勝,否則就難以克敵制勝,更何況没有謀算而先從表面現象論成敗呢?

【按】

此節孫子言以中國易學的事物互動互變法則為用之理,說明以多加謀算而成取敵勝敵之道理所在。又按:這是唯心主義呢?還是唯物主義呢?

吾以此觀之,勝負見矣。

【釋】

我以謀算之是否細密且切中要害觀之,便可預見勝負了。

【按】

此節孫子言事物的義理辨析與邏輯之理,說明事在人為,在於如何謀劃計算所遇到的難題之道理所在。參孔子的三軍之帥“必也臨事而懼,好謀而成者”(《論語·述而》)之義。

【章按】

此章孫子總言敵我雙方在各方面同等或不同等的情況下,將帥因敵謀算如何是決定勝負的關鍵所在,說明以敵我事物的互動互變法則而謀算舉措,是勝敵成事的關鍵所在之理。

作戰篇第二

一章

孫子曰:凡用兵之法,馳車千駟,革車千乘,帶甲十萬。

【註】

法:辦法、法式。馳車:李氏曰:"戰車,亦稱輕車或攻車。周、秦間,戰車爲四馬挽拽,上有甲士三人,左主射,右任格鬥,中爲馭手,後有徒兵十人。其後,車後之徒兵逐漸增加,至春秋末期已增至七十二人。"革車:"指重車,又稱守車或輜車,主要用於運載糧草和兵械等軍需物資。"

【釋】

孫子説:凡用兵出戰的一般法式要求,需有四馬拉的衝鋒陷陣的戰車一千輛,加上馬拉或牛拉運載糧草軍械的重車一千輛,方能滿足十萬甲兵之師的作戰需要。

【按】

此節孫子言事物的構成之道,説明凡用兵作戰所必需的一般配置,方能成軍隊規模與軍事行動之道理所在。又按:孫子言軍隊必不可少的配置問題,這在今日也是同理。

千里饋糧,内外之費,賓客之用,膠膝之材,車甲之奉,日費千金。

【註】

膠漆之材:李氏曰:"膠漆:古時用以製作、維護弓矢等軍械的材料。"

【釋】

軍隊在外作戰,要運送糧草保障供給,内外的費用很高,加上爲對敵作戰派遣出使有關諸侯國的人員、接待來訪使者、聘請各種人才與製作和維修軍械的工匠以及採辦其他軍需物資、材料的費用,戰車與輜重車的補給,作戰物資的供應,將士傷殘的治療,等等,每日需要花費千金方能解決。

【按】

此節孫子言軍隊的生存之道,説明為保障軍隊對敵作戰,每日需要花費大量的物力、財力方能應對之道理所在。

然後十萬之師舉矣。

【釋】

祇有馳車千駟、革車千乘等等的配置確實落實,對敵作戰的糧草、軍械及種種需要的供給確實保障,然後方能出動十萬兵衆用於戰事。

【按】

此節孫子言軍隊的因此成舉,説明須有作戰部隊的各種配置、種種保障落實方能有效行動進行作戰之道理所在。

【章按】

此章孫子總言興師用兵對於國家與百姓帶來的軍械造作、糧草供給、兵員徵集等等各種開支負擔所在之理。

二章

其用戰也,勝久則鈍兵挫鋭,攻城則力屈。

【釋】

在用兵作戰中,如果花費了很多兵力、很久時間方能最終取勝,則必然會使出戰部隊遭到重創,鋭氣受損,這時再去進攻敵之目標城市,將會力屈而不達目的。

【按】

此節孫子言用戰的義理辨析與邏輯之理,説明兵遇敵不能速勝,再去進攻敵方城市將會力屈之道理所在。

久暴師則國用不足。

【註】

暴師:李氏曰:"部隊在外作戰稱'暴師'。"

【釋】

作戰部隊在外用很多兵力,花很久時間方取勝,不顧力屈再進攻敵方城市,則必然會使國内供應不足,在再度徵集物資、兵員等時出現困難。

【按】

此節孫子言用戰的義理辨析與邏輯之理,説明久暴師於國於民所帶來的危害之所在。

夫鈍兵挫鋭、屈力殫貨,則諸侯乘其弊而起,雖有智者,不能善其後矣。

【註】

屈力殫貨:李氏曰:"力量耗盡,經濟枯竭。"

【釋】

在外作戰部隊如已損失嚴重,兵衆已鋭氣挫没,而國内力量耗盡,財貨枯竭,則各諸侯國必定會乘機或進行要挾,或進行掠奪,或進行攻戰。這時,即使國家有智慧之人,也是很難善其後了。

【按】

此節孫子言用戰的義理辨析與邏輯之理,説明為逞强暴師用兵會給國家帶來嚴重險情之原因所在。又按:老子所言"是以兵强則滅"(《老子·七十六章》),其理應源出於此。

故兵聞拙速,未睹巧之久也。

【釋】

故而用兵作戰衹聽説以笨拙辦法求速勝的,没有看見出於機巧而久戰不决反可成事的道理。

【按】

此節孫子言用戰的義理辨析,説明兵貴速勝而不貴久之理。參《始計篇第一》的"攻其無備,其出不意"與《謀攻篇第四》的"十則圍之,五則攻之,倍則分之"之義。

夫兵久而國利者,未之有也。

【釋】

用兵時間久而利於國家與百姓的,是從來没有過的事。

【按】

此節孫子言用戰的義理辨析,説明國家應消除長時間在外用兵之道理所在。

故不盡知用兵之害者,則不能盡知用兵之利也。

【釋】

故而不能盡知用兵對於國家與百姓之害的人,則不可能盡知如何用兵對於國家與百姓方是有利。

【按】

此節孫子言用戰的義理辨析,説明衹有盡知用兵對於國家與百姓利害所在的人方可用兵之道理所在。又按:老子所言"夫唯兵者不祥之器,物或惡之"(《老子·三十一章》),其理應源出於此。

【章按】

此章孫子總言用兵對於國家、百姓可造成嚴重危害之道理所在,説明衹有盡知用兵之利、害所在的人方可用兵、方能達到目的之理。參《謀攻篇第三》的"必以全争於天下"之義。

三章

善用兵者,役不再籍,糧不三載。

【註】

役不再籍:李氏曰:"兵員不再徵集。"三,通"數"。李氏曰:"糧食不必從國内多次運送。"

【釋】

因此善於用兵的將帥,兵員不必從百姓那裡一再抽調、徵集,糧食也不必從國内不斷運送過來。

【按】

此節孫子言用兵之事,説明將帥必須善於用兵,以保障國内的生産與經濟發展、百姓的生活,將戰争對國内産生的影響降到最低程度而避免陷於貧乏的困境。

取用於國,因糧於敵,故軍食可足也。

【釋】

雖所需軍械及補給主要取用於國家,但糧草一類所需應時刻注重從敵人那裡獲得,這樣不僅可以減輕國內的負擔,而且可使軍中糧草充盈、將士足食。

【按】

此節孫子言用兵之事,説明在外作戰的部隊應注重從敵人那裡奪取糧草之道理所在。

【章按】

此章孫子總言統兵作戰的將帥必須善於用兵,應注重減輕國内負擔,從敵人那裡獲得糧草等供給,而使軍食可足之理。

四章

國之貧於師者遠輸,遠輸則百姓貧。

【註】

貧:貧乏。

【釋】

造成國家力量的貧乏,主要是與給遠道出征作戰隊伍運輸軍械、糧草等物資以確保供給所花費的人力、財力有關,如此也必然會造成百姓的貧困與匱乏。

【按】

此節孫子言用兵之害,説明因不斷給遠道出征作戰部隊運輸軍械、糧草等,必然會造成國力貧困百姓匱乏之道理所在。又按:這在今日也是至理。如雖早已現代化且又是强國的美利堅,但由於伊、阿戰爭的種種費用及運輸,也使其不堪重負,並且實際上在一定程度上也促成了其國内金融危機的出現。

近師者貴賣,貴賣則百姓財竭。

【釋】

由於國内也有遠近之途的運輸問題,因此對作戰部隊所需物資,必然是靠近軍隊駐扎的地方貴賣,而貴賣則衹能讓商賈獲利而致百姓用於生産生活的財物枯竭。

【按】

此節孫子言用兵之害,説明作戰部隊所需物資由於國内運輸道路的遠近,必造成商賈獲利而致百姓財力枯竭之道理所在。

財竭則急於丘役,力屈中原,内虚於家。

【註】

丘役:李氏曰:“丘,古代一級地方組織的名稱。據《周禮》記載,古時國都以外的地域分爲鄉、遂和都鄙三部分,都鄙在最外層,又分爲六級,即:九家一井,四井一邑,四邑一丘,四丘一甸,四甸一縣,四縣一都。”中原:與現在所説的“中原”之義有所不同,爲原野之義。

【釋】

由於國家與百姓財力枯竭,則國家爲作戰部隊所需物資衹能急於以丘爲單位向百姓索取,這樣必然會使國家力屈於原野,而致百姓家中空虚。

【按】

此節孫子言用兵之害,説明由於遠途運輸必將造成國家與百姓財力大量耗費内中空虚之道理所在。

百姓之費,十去其七;公家之費,破車罷馬;甲胄矢弩,戟楯矛櫓,丘牛大車,十去其六。

【註】

戟楯矛櫓:泛指各種兵械;丘牛,以丘爲單位徵集之牛。李氏曰:“戟,一種兼有戈、矛功能的兵器。楯,同‘盾’,即盾牌。櫓,古时攻城用的大盾牌。”

【釋】

由於遠途運輸,百姓的財力與日虛耗已經十去其七,公家(順註:那時指邦國爲公家,可見當時社會形態之一斑)的財力耗費已經不堪重負,已成車輛破敝、馬匹疲憊之局面,而用於作戰的各種兵器軍械和用於運輸的丘牛大車則已經十去其六。

【按】

此節孫子言用兵之害,說明由於作戰需要,運輸加劇,必使整個國家陷入難以應付的困難局面之道理所在。

故智將務食於敵,食敵一鍾,當吾二十鍾;萁秆一石,當吾二十石。

【註】

鍾:李氏曰:“古代容量單位,一鍾六十四斗。”萁秆:李氏曰:“農作物的秸秆。”

【釋】

故而明智的將帥應爲國家民族和百姓着想,盡可能因糧於敵,食敵糧食一鍾,敵少一鍾,我多一鍾,即是二鍾,加上遠途運輸與敵少我多等等計算,可當我二十鍾。食敵萁秆一石,敵少一石,我多一石,即是二石,加上遠途運輸與敵少我多等等計算,可當我二十石。

【按】

此節孫子言以取食於敵去害取利,說明聰明的將帥務必取食糧草於敵之道理所在。參《九地篇第十一》的“掠於饒野,三軍足食”之義。

【章按】

此章孫子總言爲減輕國家與百姓用於糧草供給及遠途運輸等造成的負擔,以及保障國内百姓生産生活和維護國家穩定等出發必須取食糧草於敵之理。

五章

故殺敵者,怒也;取敵之利者,貨也。

【釋】

故而殺敵之動力所在,在於對敵人進行侵掠與戰争的忿怒;取敵之利於我之動力所在,在於從敵人手中奪取我所需要的財貨。

【按】

此節孫子言以擊敵取利,説明用兵作戰期間將帥務必取財貨軍需於敵之道理所在。

車戰,得車十乘以上,賞其先得者,而更其旌旗。

【註】

更其旌旗:指更换、另升旌旗之類,此乃使之榮耀之事。

【釋】

在與敵的作戰中,能得敵戰車十乘以上的,應重奬帶頭奪取敵戰車者,同時更换、另升其隊伍旌旗,以使之顯榮。

【按】

此節孫子言以擊敵取利,説明對有功將士不僅需要奬賞激勵,同時需要榮譽激勵,從而激發全軍將士勇往直前之道理所在。

車雜而乘之,卒善而養之,是謂勝敵而益强。

【註】

善:李氏曰:"善待、優待。"

【釋】

將奪取敵方的戰車雜在我方軍中乘之而使敵畏懼之,善待從敵方俘獲來的兵卒並養在我方軍中而攻敵之心,如此則會戰勝敵人而自己愈加强大。

【按】

此節孫子言以擊敵成利,説明使敵畏懼與攻敵之心而使我愈强之道理所在。看來,毛、劉、周、朱、鄧及其他共和國將帥為戰勝敵人的善待俘虜政策,很可能與孫子有一定關係。

【章按】

此章孫子總言爲減輕國家與百姓的財貨、軍械供給及其運輸負擔,保障國内百姓的生産生活秩序與維護國内穩定勝敵出發,必須取用敵之軍械與攻敵之心之道理所在。

六章

故兵貴勝,不貴久。

【釋】

故而用兵作戰貴在盡可能短的時間裡勝敵,不貴久暴師在外而使國用貧乏。

【按】

此孫子言用兵應取之道,説明將帥用兵貴勝而不貴久之道理所在。

【章按】

此章孫子總言將帥用兵應先有細密謀劃而成一舉勝敵的結

局,以達利國利民之目的的道理。參《軍形篇第四》的"是故勝兵先勝而後求戰,敗兵先戰而後求勝"之義。

七章

故知兵之將,民之司命,國家安危之主也。

【釋】

故而能盡知用兵之害與利的將帥,方能肩負民衆之託付,方能肩負國家安危之職責,成爲國家與民衆的依靠。

【按】

此處孫子言用兵將帥所肩負的重任與職責,説明將帥應盡知用兵於國於民之利與害的重要性之所在。

【章按】

此章孫子總言用兵作戰的將帥應盡知用兵的利與害,否則必成誤國害民之人的道理,説明君主選用將才必須賢能之重要性所在。參《始計篇第一》的"將者,智、信、仁、勇、嚴也"之義。又按:從美國目前所以爆發金融危機觀之,其中一個相當重要的原因,就是所任用之將帥雖多從著名軍校出來,但實際上均非真正的知兵者。

謀攻篇第三

一章

孫子曰:夫用兵之法,全國爲上,破國次之;全軍爲上,破軍次之;全旅爲上,破旅次之;全卒爲上,破卒次之;全伍爲上,破伍次之。

【釋】

孫子說:凡將帥用兵取敵之法應該是以兵威與人世義理加於敵,使其國家知人世之義理心生畏懼而不敢再行敵對、不敢再行侵略爲上,以攻破其國家爲次;以使其軍隊知人世之義理心生畏懼而不敢再行對抗、不敢再持其力爲上,以攻破其軍隊爲次;以使其兵旅知人生之義理心生畏懼而不敢再生妄想、不敢再行爭戰爲上,以攻破其兵旅爲爲次;以使其隊卒知人生之義理心生畏懼而不敢再生戰心、不敢再行殺戮爲上,以攻破其隊卒爲次;以使其戰伍知生活之道心生畏懼而不敢再生邪念、不敢再行搶掠爲上,以破其戰伍爲次。

【按】

此節孫子言以兵威與義理除敵化敵。從此節可以看出,孫子用兵,是以兵威與義理攻其心,衹要其國、其軍、其旅、其卒、其伍不敢再行對抗,即任其改過自新,可見其至仁至義之所在。參《九地篇第十一》的"夫王霸之兵,伐大國,則其衆不得聚;威加於敵,則其交不得合"與"威加於敵,故其城可拔,其國可隳"之義。

是故百戰百勝,非善之善者也。

【釋】

是故對敵國、敵軍祇以戰,即使百戰百勝,亦非最好的結局。

【按】

此節孫子言化敵去敵之重要性,説明雖以武力與智謀能百戰百勝,亦非最可取者。

不戰而屈人之兵,善之善者也。

【釋】

與敵雖不戰,但能以兵威與義理屈敵之兵,使其不敢再犯,乃是善中最善的攻敵之法。

【按】

此節孫子言化敵為善之重要性,説明以兵威與義理屈人之兵,而成善中之善的結局之理。參孔子的"桓公九合諸侯,不以兵車,管仲之力也"(《論語·憲問》)之義。

【章按】

此章孫子總言用兵取敵之法,説明以全爲上,以破爲次,雖與敵能百戰百勝,但非善之善者;能不戰而屈人之兵,方是善之善者,方能達到保國安民的最終目的之理。

二章

故上兵伐謀,其次伐交,其次伐兵,其下攻城。

【註】

伐交:李氏曰:"破壞敵方的外交,使之陷於孤立。"

【釋】

故而上等的用兵之法是以兵威與人世義理屈敵之兵,使之能主動停止侵略而化敵爲善;其次是努力通過邦交途徑使敵陷於孤立無援,不得不停止侵略而消除戰禍;再次是以武力殲滅其有生力量,使之不敢再行侵略而得安寧;最下是上述各法皆不能奏效,衹有興師攻取其城市毀滅其國都而達到目的。

【按】

此節孫子言不戰化敵為上,說明孫子用兵於世之理義所在與以和平為目的之理念所在。

攻城之法,爲不得已。修櫓轒轀,具器械,三月而後成;距堙,又三月而後已。

【註】

修櫓轒轀:李氏曰:"整治攻城用的樓櫓和四輪車。"三:通數。距堙:據字義文義似爲攻城時防止敵居高臨下攻我、既能保護自身又能進攻敵人的一種大型械具。

【釋】

要攻取敵之城市,屬不得已而爲之。一般來説,集結工匠修造能够達到攻破一座城市所用的樓櫓與四輪車及相關器械,從頭至尾需要數月時間方能完成;再造作攻城時能够保護自身又能進攻敵人的似土山樣的一批軍器械具,也需要數月時間方能完成。

【按】

此節孫子言攻取敵城為下,説明要攻取敵之城市,首先是自已要耗費大量的人力、物力、財力方能做好準備，尤其是要攻取敵之堅固且守衛力量强大的城市，實屬不得已而為之。又按：由此可見，中華民族從歷史上就是愛好和平的民族。

將不勝其忿而蟻附之，殺士卒三分之一而城不拔者，此攻之災也。

【註】

蟻附：李氏曰："形容像螞蟻一樣爬梯攻城。"

【釋】

取敵之城市的器械、軍械完成以後，如果將帥由於種種原因對敵不勝忿怒而求速戰，盲目指揮兵衆像螞蟻一樣蜂涌爬梯攻城，結果士卒大量死傷，甚至已達兵員總數的三分之一而城仍不拔，這就是攻敵城市之災難了；若此時敵人外援又乘機殺到，則更成攻敵城市之災難了。

【按】

此節孫子言應制止將帥因忿攻城，説明將帥用兵切不可以一時之忿怒而指揮兵士作無謂犧牲之理。由此亦可看出孫子愛惜士卒之仁心。

故善用兵者，屈人之兵而非戰也；拔人之城而非攻也；毁人之國而非久也。

【釋】

故而善於用兵的將帥，以兵威與義理屈敵之兵而不是以戰爭來解決問題；以各種手段與途徑拔敵之城而不是以强攻來解決問題；以智謀與速决毁敵之國而不是以久戰來解决問題。

【按】

此節孫子言將帥應善於用兵,説明對敵之兵威與人世義理的重要性、手段與途徑的重要性、智謀與速决的重要性之理,並可見也衹有如此勝敵方能利國利民之道理所在。

必以全争於天下,故兵不頓而利可全,此謀攻之法也。

【釋】

因此一定要以完全之策争勝於天下,而不是以争戰、强攻、持久的辦法争勝於天下。這樣,軍隊可以不遭受大的損失而國家百姓的利益可以保全。這是將帥用兵以謀勝敵之法。

【按】

此節孫子言將帥應以謀而攻,説明用兵一定要以全争勝於天下,也衹有如此方能真正利國利民之理。

【章按】

此章孫子總言用兵之法,説明全爲上、破爲次、攻爲下爲不得已之理,與在用兵中應不以争戰、攻城、持久來解决問題之理。

三章

用兵之法,十則圍之,五則攻之,倍則分之。

【註】

倍則分之:李氏曰:“兵力兩倍於敵時,應設法分散敵人,以造成局部上的優勢。”

【釋】

用兵的方法,兵力十倍於敵時就設法包圍它消滅它,兵力五倍於敵時就設法攻擊它消滅它,兵力兩倍於敵時就設法分散它消滅它的一部。

【按】

此節孫子言將帥應採取的用兵之法,説明如何消滅敵全部、大部、一部的用兵方法。

敵則能戰之,少則能逃之,不若則能避之。

【釋】

應靈活能動地布陳與宿營,有敵突如其來時能戰之、宿營不亂而有效抗擊之;力量過少於敵時能迅速撤走之;力量不及敵時能左次轉移而避之。

【按】

此節孫子言將帥凡事應有安排,説明如何應對敵突如其來的襲擊之法。

故小敵之堅,大敵之擒也。

【註】

大敵之擒:謂遇大敵之後束手無策而爲敵所擒。

【釋】

故而戰鬥力雖强但力量遠不及自己的敵人而又不能逃之、避之時,則難逃被强大敵人消滅的命運。

【按】

此節孫子言將帥需因敵而動,説明衹有如此方能在不斷消滅敵人的同時,有效地保存自己的力量,進而達到消滅敵人的目的之理。

【章按】

此章孫子總言將帥對敵應十則圍之、五則攻之、倍則分之、最終消滅之,與敵則能戰、少則能走、不若則能避之,以免成小敵之堅、大敵之擒之結局之理。所論可謂深刻至極,即使對此於今日之戰爭,仍有指導意義。

四章

夫將者,國之輔也。輔周則國必强,輔隙則國必弱。

【註】

輔周:李氏曰:“輔佐嚴密周詳。”輔隙:李氏曰:“輔佐不周密,有疏漏。”

【釋】

凡指揮軍隊作戰的將帥,是國家在戰事中保國安民之輔佐。輔佐嚴密周詳,則必損失少而能使國家强大;輔佐不周密有疏忽,則必損失大而導致國家被削弱。

【按】

此節孫子言將帥肩負的職責,説明將帥在國家戰事中的重要性,將帥之才與國家命運如何密切相關之理。參《始計篇第一》的“將孰有能”之義。

故君之所以患於軍者三:不知軍之不可以進而謂之進,不知軍之不可以退而謂之退,謂之縻軍;不知三軍之事而同三軍之政,則軍士惑矣;不知三軍之權而同三軍之任,則軍士疑矣。

【註】

縻軍:盲目指揮軍隊,打亂攻防戰局,導致軍隊失利。

【釋】

故而君主如有下述三種情況出現就非常值得經戰將帥憂

慮:一是不知軍隊之不可對敵進攻而下令對敵進攻,不知軍隊之不可退却而下令退却,這是君主不知戰事變化盲目指揮軍隊,無端打亂攻防戰局,使可不損失而損失,可勝敵而未能勝敵,或可勝敵而反爲敵所敗;二是不知軍隊之獎功罰罪情形而作出不合實際失去所宜的決定,這是君主不知應當如何獎懲而無端擾亂軍隊之正常管理,如此則必使三軍將士心生迷惑而嚴重影響戰爭結局;三是不知軍隊人事調整的正常程序而行違背常理失去其宜的任免決定,這是君主由於不懂軍隊人事調整的重要性而無端更換軍隊要職,如此則必使三軍將士感到疑慮從而嚴重影響戰爭結局。

【按】

此節孫子言君主應用人不疑、疑人不用,信任所選派的將帥,説明君主切不可不明就裡盲目干預部隊的内部管理,應尊重所選派將帥的臨機决斷與指揮之理。

三軍既惑且疑,則諸侯之難至矣,是謂亂軍引勝。

【釋】

君主盲目干預,必定使三軍將士感到迷惑與疑慮,如是則君主與國家之難將至,這就是所謂的自己搞亂軍隊而引敵取勝。

【按】

此節孫子言君主信用所選派將帥的重要性,説明君主如盲目干預,必致引敵取勝,而成國破家亡之理。又按:是謂亂軍引勝,這是近代歐洲的唯物的事物邏輯論?還是唯心的事物邏輯論?是近代歐洲的形而上學的事物外在邏輯論?還是辯證法的事物内在邏輯論?都不是,這是中國的事物義理邏輯之論。

【章按】

此章孫子總言君主應信用所選派、任命的三軍將領,不要不知具體情形而盲目干預軍隊的管理與指揮事務,否則將很容易自己搞亂軍隊而引敵取勝之理。

五章

故知勝有五,知可以與戰不可以與戰者勝,識衆寡之用者勝,上下同欲者勝,以虞待不虞者勝,將能而君不御者勝。

【註】

知勝有五:即與勝敵取敵相關的五行之事。同欲:李氏曰:"同心、齊心。"御:駕御。

【釋】

故而預知勝負可以從五個與此相關且互有聯係的方面考察:其一爲知道自己可以與敵戰不可以與敵戰者勝;其二爲懂得兵員衆寡不同情形下如何調配、使用兵力者勝(參《兵勢篇第五》"治衆如治寡,分數是也"之義);其三爲能做到上下同欲、齊心協力者勝;其四爲能以有準備應對無準備者勝;其五爲將帥有能力而君主不盲目干預者勝。

【按】

此節孫子言知勝的五行之事,説明軍隊勝敵取敵如何應知與此相關的互有聯係的五行之事的情形,即以知勝有五的其五將能而君不御為南暑火能旺盛;其四能以虞待不虞為北寒水能正固;其三上下同欲為中土將能宜物;其二識衆寡之用為東春木能蕃發;其一知可以與戰不可以與戰為西秋金能蕭殺的五行嚴整之列布而知其情。由此可見,凡事能以五行之事進行思維,可極大地開闊視野而知應該如何處置。然而,此絶非直至近代歐洲的形而上學的外在作用論之説與辯證法的内在矛盾論之説可以解釋與勝任的。

此五者,知勝之道也。

【釋】

以此五行之事而視而爲,是知軍隊的勝敵取敵之道所在了。

【按】

此節孫子言將帥知勝五行之事的重要性,可見在孫子書中陰陽之理、五行之義貫穿於始末。

【章按】

此章孫子總言將帥應以知勝五行爲用而成勝敵取敵之局的道理。

六章

故曰:知彼知己,百戰不殆。不知彼而知己,一勝一負。不知彼不知己,每戰必敗。

【註】

殆:李氏曰:"危險,這裡是失敗的意思。"

【釋】

所以說:既知敵人的各方面情況又知自己的各方面情況,作戰就會常勝不敗。不知道敵人的情況而衹知自己的情況,作戰就會有勝有敗。既不知道敵人的情況又不知道自己的情況,作戰就會衹敗不勝。

【按】

此節孫子言將帥應知敵我之事的重要性,説明"知彼知己,百戰不殆"之理。這是科學的真理,曾在中國漫長的革命戰爭過程中被毛澤東倍加贊揚。

【章按】

此章孫子總言將帥對敵作戰應知彼知己而戰,説明衹有如此方能取敵勝敵之理。

軍形篇第四

形,李氏曰:"形,含有形象、形體等義,指戰爭中可見的、客觀的、相對穩定的各種與實力有關的因素。"

一章

孫子曰:昔之善戰者,先爲不可勝,以待敵之可勝;不可勝在己,可勝在敵。

【釋】

孫子說:以往善於用兵作戰的將帥,總是先做到自己不可能被敵人戰勝,以待敵人出現可以被戰勝的機會;所以,不可被敵人戰勝在於自己,可以戰勝敵人則在於敵人。

【按】

此節孫子言事物的互動互變之理,說明以形惑敵而待敵之機戰勝敵人與不可被敵人戰勝在己、可勝在敵之原因所在。

故善戰者,能爲不可勝,不能使敵之必可勝。

【釋】

故而善於用兵作戰的將帥,能够做到不被敵人戰勝,却不能任由己使敵人必定被我所戰勝。

【按】

此節孫子言將帥應重於備戰,説明自己絶不能出現防備疏漏而使敵有機可乘之理。

故曰:勝可知,而不可爲。不可勝者,守也;可勝者,攻也。

【釋】

所以説:能否取勝的情形可以預知,却不可能由着自己去强求勝利。不可能戰勝敵人時,應嚴密防守不出疏漏;而出現可以戰勝敵人的機會時,則應以迅雷不及掩耳之勢進攻取勝。

【按】

此節孫子言攻守之理,説明用兵作戰時將帥應知勝可知而不可為與應取進攻或防守之勢之原因所在。

守則不足,攻則有餘。善守者,藏於九地之下,善攻者,動於九天之上,故能自保而全勝也。

【釋】

取守勢是因爲還不具備進攻的條件,取攻勢則是因爲已經勝算在握饒有餘力。善於防守的將帥,其兵力猶如藏於九地之下,使敵不知所向,無法進攻;善於攻敵的將帥,其出擊猶如動於九天之上,使敵不知所措,無法抵抗。所以,方能足以自保而全勝克敵。

【按】

此節孫子言將師應善於攻守,説明將帥應如何防守與如何攻敵之理。

【章按】

此章孫子總言用兵作戰將帥絶不可盲目行動、勉强支應,而應待敵之可勝用兵之理,説明善守、善攻而足以自保全勝之原因所在,可謂深刻、明瞭至極。

二章

見勝不過衆人之所知,非善之善者也;戰勝而天下曰善,非善之善者也。

【釋】

能預見到的勝敵方法不過是衆人之所知,非爲完全、周到的謀劃舉措;花巨大代價戰勝敵人雖天下人皆贊揚其功,但絶非全勝、最好的用兵之法。

【按】

此節孫子言將帥的謀略與用兵,説明指揮用兵作戰的將帥不能混同於平常人之智慧,應有全面、周到之謀劃,對敵不能祇求成功、不問代價,方為利國利民之舉。

故舉秋毫不爲多力,見日月不爲明目,聞雷霆不爲聰耳。

【註】

秋毫:李氏曰:“鳥獸秋天長出的絨毛,因其極細小,故常用以比喻分量輕微。”

【釋】

所以,能舉起秋毫之物不算力多,能看見日月不算目明,能聽到雷霆不算耳聰。

【按】

此節孫子言將帥應以自己的巨大能力和周密謀劃克敵制

勝，否則就不能算是力多、目明、耳聰。

古之所謂善戰者，勝於易勝者也。故善戰者之勝也，無智名，無勇功。

【釋】

以往所説善於用兵作戰的將帥，均是勝於敵人出現疏漏而易於取勝之時，故而真正善戰的將帥之克敵制勝，在天下人面前没有智慧之名，没有勇戰之功。

【按】

此節孫子言將帥指揮作戰應具有不為名利的精神，説明可以不花巨大代價而花巨大代價勝敵者，就不是善於指揮作戰的將帥之理。

故其戰勝不忒，不忒者，其所措勝，勝已敗者也。

【註】

不忒：李氏曰："没有差錯。"

【釋】

所以，能真正克敵制勝而不出差錯，所謂不出差錯，是因爲其謀劃與舉措皆已勝券在握，敵人敗局已經確定。

【按】

此節孫子言將帥應以勝券在握用戰，説明古往今來善戰的將帥所以能没有差錯而克敵制勝之原因所在。

故善戰者，立於不敗之地，而不失敵之敗也。

【釋】

所以，善於指揮作戰的將帥，能始終立於不敗之地，而又能牢牢抓住導致敵人失敗的有利時機。

【按】

此節孫子言善於指揮作戰的將帥所應當做到的,説明古來善於指揮作戰的將帥所以能自保而全勝之原因所在。

是故勝兵先勝而後求戰,敗兵先戰而後求勝。

【釋】

所以,能打勝仗的軍隊總是先在舉措、謀劃上勝券在握而後與敵開戰,而打敗仗的軍隊總是先盲目與敵開戰然後求取勝利。

【按】

此節孫子言將帥的取敵之道,説明善打勝仗的軍隊與總打敗仗的軍隊的根本區别之所在。

善用兵者,修道而保法,故能爲勝敗之政。

【釋】

善於用兵的將帥,總是修明政治,加强内部團結,確保各項法令制度的貫徹執行,所以能够成爲勝負的主宰。

【按】

此節孫子言將帥的勝敵之道,説明善於用兵的將帥修道保法是其克敵制勝的重要保障之所在。又按:修道而保法,主要是靠國君、將帥品行的修養,這已被歷史證明是可成和有效的,然而長期以來却被有的人錯誤地指為唯心論的先驗論,這是應當予以説明的。

【章按】

此章孫子總言如何以自己最少的損失换取最大的勝利成果,强調應在謀劃、舉措上確已勝券在握時用兵之理,並指出修道保法方是克敵制勝之保障所在。

三章

兵法:"一曰度,二曰量,三日數,四曰稱,五曰勝。"

【註】

兵法:極有可能是指《太公兵法》或《司馬兵法》。

【釋】

兵法上說:"一是要首先知道戰場上敵我雙方的情況如何,二是要知道由此而來的具體攻防的用兵總量、裝備總量如何,三是要知道由此而來的方略謀劃、舉措如何,四是要知道由此而來的關鍵戰地的敵我强弱對比情形如何,五是要知道由此而來的取敵勝算如何。"

【按】

此節孫子言事物的義理辨析與邏輯之理,說明將帥用兵作戰應當取法之因素與條件所在。又按:這是直至近代歐洲的唯心論的精神决定論嗎?不是,這是以物為心用而達目的之論;這是直至近代歐洲的唯物論的物質决定論嗎?也不是,這是以心用物而達目的之論——這是極其概括並超越直至近代歐洲的唯心論與唯物論的中國易學的心物合一之論。

地生度,度生量,量生數,數生稱,稱生勝。故勝兵若以鎰稱銖,敗兵若以銖稱鎰。

【註】

以鎰稱銖:李氏曰:"比喻以絶對優勢兵力而對處於劣勢之敵。鎰、銖,均爲古代重量單位,一鎰爲二十四兩(一說爲二十兩),一兩爲二十四銖,二者之比爲576:1。"

【釋】

因此，戰場敵我形勢如何，由該地域的遠近、險易、廣狹如何而生；需要兵員、軍械之總量如何，由該地域的形勢如何而生；對敵的謀劃、舉措方略如何，由雙方兵員、裝備情況而生；具體的敵我强弱對比情況如何，由對敵的謀劃、舉措方略如何而生；取得勝利的把握程度如何，由具體的敵我强弱對比情況如何而生。所以，能够取得勝利的將帥用兵好比以鎰稱銖，而注定要失敗的將帥用兵則好比以銖稱鎰。

【按】

此節孫子言事物的義理辨析與邏輯之理，説明將帥之如何因敵用兵、如何對敵謀劃、如何稱敵取勝之道。又按：這是直至近代歐洲的形而上學的外在力量决定論？還是直至近代歐洲的辯證法的内在矛盾决定論？都不是，這是以中國易學的事物互動互變為用之論。

【章按】

此章孫子總言由度至量至數至稱至勝之理，並言以地生度、以度生量、以量生數、以數生稱、以稱生勝之原因所在。所論既極其慨括，又遠遠高出直至近代歐洲的唯心論與唯物論、形而上學與辯證法之論。

四章

〔故善〕勝者之戰，若决積水於千仞之谿者，形也。

【註】

故善：爲增文，不僅使與上下文相協，且與《兵勢篇第五》的"故善戰人之勢，如轉〔巨〕石於千仞之山者，勢也"對舉，也與孫子文體一致。原文必是脱字，今補之。千仞：李氏曰："形容極高。仞，古代長度單位，一仞爲八尺(一說七尺)。"形:所顯謂之形。

【釋】

所以,善於勝敵的將帥用兵作戰,如立於極高之山頂,對敵若突然決開深達千仞之溪谷積水直瀉而下,使敵根本無從抵禦而獲勝,這就是以所成物形爲之用的道理。

【按】

此處孫子言善勝,説明以鎰稱銖之理,説明善於勝敵的將帥用兵必定會造就如此之物形為用而成克敵制勝之原因所在。

【章按】

此章孫子總言善於克敵制勝的將帥,用兵必會造成如此之物形爲用的道理。

兵勢篇第五

勢,李氏曰:"勢,態勢,指戰爭中由'形'所處之不同位置、不同狀態而決定的潛在、易變、隨機和能動的力量因素。"

一章

孫子曰:凡治衆如治寡,分數是也。

【註】

分:分別。數:相順與逆斥之數。

【釋】

孫子說:凡治理衆多部屬如同治理寡少部屬一樣,靠的是分別功過的獎懲,是與用戰相順與逆斥之數的調治(參《行軍篇第九》的"令之以文,齊之以武,是謂必取"之義)。

【按】

此節孫子言以分數治軍,說明軍隊治理要分別功過與調治順逆之數的重要性所在。

鬥衆如鬥寡,形名是也。

【註】

形:所顯謂之形。形名:形象、形體之稱謂。

【釋】

動員大量兵衆與强大敵人作戰如同指派少量將士與小股敵人作戰一樣,靠的是每個參戰將士對榮譽的追求與對怯陣者的憎惡(參《九地篇第十一》的"使無法之賞,懸無政之令,犯三軍之衆若使一人"之義)。

【按】

此節孫子言以形名鬥敵,説明軍隊作戰,要使每個參戰將士能對榮譽努力追求與對怯陣者共同憎惡之重要性所在。

三軍之衆,可使必受敵而無敗者,奇正是也。

【註】

正:正固,貞固。奇:出敵意料的戰法之謂。

【釋】

所有部隊,不論作戰與宿營,可使遭受强大敵人攻擊而不潰敗,靠的是軍隊能正固以治(參《九地篇第十一》的"正以治"之義)與能出奇制勝。

【按】

此節孫子言以奇正應敵,説明能正固以治與能出奇制勝是軍隊受敵不敗的根本原因。又按:"奇正是也",老子的"以正治國,以奇用兵"(五十七章),應源出於此,這是老子試圖以治軍之法用於治世,而成其正人之所欲而建成大道生活之世。

兵之所加,如以碫投卵者,虚實是也。

【註】

碫:李氏曰:"磨刀石,泛指極堅硬的石頭。"

【釋】

我之兵加於敵，能够如以極堅硬的石頭投擊脆弱的鳥卵一般，靠的是對敵虛實之處的準確把握與認真謀劃（参《始計篇第一》的"攻其無備，出其不意"與《虛實篇第六》的"進而不可禦者，衝其虛也"之義）。

【按】

此節孫子言以虛實擊敵，説明以碫投卵必須對敵虛實之處準確把握與認真謀劃之理。

【章按】

此章孫子總言治軍之分數、鬥敵之形名、受敵之奇正、加兵之虛實於一支軍隊能否生存、能否取敵的重要性之理。

二章

凡戰者，以正合，以奇勝。

【釋】

凡作戰的將帥，必須以正固合衆之制度章程聚合將士，以出奇制勝之手段打擊敵之死穴。

【按】

此節孫子言軍隊之以正合以奇勝，以此對用兵作戰將帥提出了兩個極為重要的原則，而這兩個原則是使軍隊立於不敗之地的重要保證。

故善出奇者，無窮如天地，不竭如江海。

【釋】

所以，善於出奇制勝的將帥，智慧無窮如天地一樣廣闊，謀略不竭如江海一樣深奥。

【按】

此節孫子言軍隊之善出奇,說明善於出奇的將帥必須具有豐富的智慧與謀略。參首篇《始計篇第一》的"多算勝,少算不勝,而况於無算乎"之義。

終而復始,日月是也;死而更生,四時是也。

【釋】

在用兵作戰中,當處於極爲不利的情形與處境時,要像日没月落一樣隱没不露,要像四時循環一樣不見動静,但當形勢一旦有利於我時,則要像日月之重出、四時之更替一樣勢不可擋而克敵制勝。

【按】

此節孫子言軍隊因敵情之變化,說明富於智慧的將帥必須具有諳時隱現的能力。解放戰争初期,胡宗南佔領延安後,始終找不到彭德懷、習仲勛所部主力,更找不到我黨中央所在何處,並且很快陷入被動,最終被迫逃離,即是顯例。

聲不過五,五聲之變,不可勝聽也。

【註】

五聲:李氏曰:"指宫、商、角、徵、羽五個音階。"

【釋】

能聽到的音樂不過五個音階,但五個音階的各種錯綜復雜的生息勝克變化,可使人們有聽不完的美妙音樂。

【按】

此節孫子言聲樂之變的五行之義,以人能聽到的五個音階的五行生息勝克變化而成聽不完的美妙音樂,說明五行的生息勝克變化無可窮盡之理。又按:由此亦可見中國當時已有種種聽不完的美妙音樂之原因所在。

色不過五,五色之變,不可勝觀也。

【註】

五色:李氏曰:"指青、黄、赤、白、黑五種基本顏色。"

【釋】

所觀看的色調不過五種顏色,但五種顏色錯綜復雜的生息勝克變化,可使人們有觀不盡的美妙畫卷。

【按】

此節孫子言色彩之變的五行之義,以所能看到的五種顏色的五行生息勝克變化而成觀不盡的美妙畫卷,説明五行的生息勝克變化無有窮盡之理。又按:由此亦可見中國當時已有種種觀看不盡的美妙畫卷之原因所在。

味不過五,五味之變,不可勝嘗也。

【註】

五味:李氏曰:"指酸、甜、苦、辣、咸五種味道。"

【釋】

所能品嘗到的滋味不過五種,但五種滋味錯綜復雜的生息勝克變化,可使人們有嘗不盡的佳肴美味。

【按】

此節孫子言物味之變的五行之義,以所能品嘗到的五種滋味的五行生息勝克變化而成嘗不盡的佳肴美味,説明五行生息勝克變化無有窮盡之理。又按:由此亦可見中國當時已有種種嘗不盡的佳肴美味之原因所在。

戰勢不過奇正,奇正之變,不可勝窮也。

【釋】

作戰之態勢由天地陰陽運行之理、五行生息勝克之義來歸結不過奇、正二術,但以正固合衆與出奇制勝二者於攻守的各種錯綜復雜之應用變化,可變化出不可勝窮的克敵制勝之手段。

【按】

此節孫子言戰勢之變的五行之義,以作戰之態勢的正合、奇勝二術的五行生息勝克變化,説明克敵制勝之策的無可窮盡之理。

奇正相生,如循環之無端,孰能窮之哉?

【釋】

出奇制勝可以進一步正固軍隊,也祇有正固的軍隊可以隨時真正達到出奇制勝之目的,二者相生猶如良性循環之無端,難道能夠窮盡嗎?

【按】

此節孫子言戰勢之演進的五行之義,説明奇正之相生如循環之無端之理。又按:近代以來不少人把中國哲學的陰陽之理、五行之義貶斥為一種毫無價值的循環理論,這是由於這些人根本不了解中國哲理極為博大精深的内涵所致。

【章按】

此章孫子總言天地萬物陰陽之理、五行生息勝克之義所在,説明奇、正二術變化的不可勝窮與奇、正相生的無有終端之理。從孫子書中可以看出,中國哲學的陰陽之理、五行之義是極爲深奥且極具生命力的。

三章

激水之疾,至於漂石者,勢也。鷙鳥之疾,至於毀折者,節也。

【註】

鷙鳥:李氏曰:“鷹、雕、鷲之類凶猛的鳥。”

【釋】

洶涌奔騰的流水,以至於漂起巨大石塊,這是由於水勢疾速的緣故。凶猛翱翔的鷹隼,以至於捕獲飛奔的野獸,這是由於把握時機和節奏準確的緣故。

【按】

此節孫子言行勢與取節,以激水漂石説明任勢之理,以鷙鳥毀折説明握節之理,可謂深知造化之妙、深明予奪之義。

故善戰者,其勢險,其節短;勢如彍弩,節如發機。

【註】

彍弩:李氏曰:“張滿待發之弩。彍,把弓拉滿的意思。”發機:李氏曰:“觸發弩機。機,弩機,古代兵器弩上控制箭矢射出的機件,類似槍之扳機。”

【釋】

所以,善於用兵作戰的將帥,他所造成的戰場對敵態勢極爲險峻,他所控制的攻擊節奏極爲短促;戰場對敵態勢之險峻猶如張滿欲射的弩箭,攻擊節奏之短促猶如一觸即發的弩機。

【按】

此節孫子言將帥造勢應險與控節應短,將陰陽造化之理變為用兵作戰之道,説明如此方為善戰將帥之道理所在。

【章按】

此章孫子以萬物陰陽造化之理説明將帥用兵作戰之道,總言善戰的將帥應取此道而成克敵制勝之奥術。

四章

紛紛紜紜,鬥亂而不可亂。渾渾沌沌,形圓而不可敗。

【釋】

在紛紜雜亂的戰場决戰中,一切參戰將士均須努力殺敵而能不自亂。在敵情不明突然遭襲的渾沌迷蒙中,所有參戰部隊要形成圓陣迎敵而能不被擊敗。

【按】

此節孫子言將帥之控御和掌握部隊,説明如何應對險惡戰事與如何應對遭受突襲方能使之不亂不敗之理。

亂生於治,怯生於勇,弱生於强。

【釋】

混亂可以産生於嚴整,膽怯可以産生於勇敢,虚弱可以産生於强大。

【按】

此節孫子言將帥之能為,指出混亂可以産生於嚴整、膽怯可以産生於勇敢、虚弱可以産生於强大的辯證道理,説明將帥的管理與指揮能力對於全軍的治、勇、强具有重要意義。

治亂,數也;勇怯,勢也;强弱,形也。

【釋】

軍隊在嚴酷的戰爭環境中之亂與不亂,取決於將帥指揮作戰相順與逆斥之數的能否調治;士卒在戰場上之勇敢還是膽怯,取決於將帥指揮作戰能否造成有利於己而不利於敵的態勢;兵力在與敵對陣時之强大還是虛弱,取決於將帥能否巧妙地運用佈局手段。

【按】

此節孫子言將帥之職責,説明軍隊的治亂、勇怯、强弱如何在於將帥之理。又按:對此,形而上學論者衹會説治亂、勇怯、强弱是外在的種種因素所致,而辯證法論者衹會説治亂、勇怯、强弱是内在的一對對矛盾有條件的轉化。這種觀點其實是很有問題的,值得我們認真加以探討並指出其謬誤之處。

【章按】

此章孫子總言如何使軍隊鬥亂而不可亂、形圓而不可敗之道理所在,説明軍隊的治亂、勇怯、强弱關鍵在於將帥之理。

五章

故善動敵者,形之,敵必從之;予之,敵必取之。以利動之,以本待之。

【註】

本:指以取敵爲本。

【釋】

所以,善於調動敵人的將帥,示其不固不利之形於敵,敵必從所視不固不利處進行攻擊;此時有所給予敵人,敵必取之。必須使敵覺得有利可圖而調動之,待其被調動後再以出奇制勝的手段擊敗之。

【按】

此節孫子言在事物的互動互變中以形為用，説明對敵以虛弱之形為用而成取敵勝敵之結局的道理所在，進而説明《始計篇第一》的"兵者，詭道也，故能而示之不能，用而示之不用"之理。

故善戰者，求之於勢，不責於人，故能擇人而任勢。

【釋】

所以，善於用兵作戰的將帥，對敵用兵時求之於能否成勢的指揮，而不是衹知指責下屬將士的是否勇敢，故能據戰爭需要選擇精悍將士而利用有利的態勢。

【按】

此節孫子言在事物的互動互變中以勢為用，説明軍隊對敵作戰是否勇敢、强大取决於將帥用兵時能否造成有利態勢的道理。

任勢者，其戰人也，如轉木石。木石之性，安則靜，危則動，方則止，圓則行。

【釋】

善於造成有利態勢的將帥，其指揮對敵作戰，恰如轉動木石：木石之性情，安放在那裡就平靜，形成危險的態勢它就要轉動，形狀爲方就會停止在那裡，形狀成圓就會運行起來。

【按】

此節孫子言在事物的互動互變中以勢勝敵，説明善於任勢的將帥，還需在作戰中因敵制勝以成其勢不可擋之理。

【章按】

此章孫子總言以形、勢爲用克敵制勝之理，説明將帥在指揮作戰中必須擅長此道。

六章

故善戰人之勢，如轉〔巨〕石於千仞之山者，勢也。

【註】

巨：原爲“圓”。李氏曰：“圓石：底本無‘圓’字，依十一家註本補。”今按文理將“圓”字改爲“巨”字。

【釋】

所以，善於戰敵的將帥之造勢，如立於極高之山頂，對敵突然轉動成堆巨石直奔而下，使敵根本無法抗拒而獲勝，這就是以所成物勢爲用勝敵之理。

【按】

此處孫子言將帥之善戰，説明善於指揮作戰的將帥用兵必須造成如此之態勢為用而成克敵制勝局面之理。

【章按】

此章孫子總言善於指揮作戰的將帥用兵應能因敵造成如此之險的態勢爲用之理。

虛實篇第六

虛實,李氏曰:“簡本作‘實虛’。”

一章

孫子曰:凡先處戰地而待敵者佚,後處戰地而趨戰者勞。

【釋】

孫子説:凡用兵作戰中被敵我都看重的要地,或認爲有價值需佔領的地方,總是先到其地而待敵者即屬以逸待勞,勢將主動;反之,後到其地而趨戰者即屬以勞對逸,勢將被動。

【按】

此節孫子言事物的義理辨析,説明先處戰地與後處戰地將必然面臨不同處境之理。

故善戰者,致人而不致於人,能使敵人自至者,利之也;能使敵人不得至者,害之也。

【註】

致人而不致於人:李氏曰:“調動敵人而不被敵人所調動。致,使人至,引申爲調動。"

【釋】

故而善於指揮作戰的將帥,能調動敵人而不被敵人所調動,能使敵自動前來,是由於示之以利使然;能使敵無法到達,在於給敵人設置了陷阱使然。

【按】

此節孫子言以事物的互動互變為用,説明善於用兵作戰的將帥,即使後處戰地也能調動敵人達到目的之理。

故敵佚能勞之,飽能饑之,安能動之。

【釋】

所以,敵逸而能使其勞,敵飽而能使其饑,敵安而能使其躁。

【按】

此節孫子言以事物的互動互變為用而達到目的,説明善於用兵作戰的將帥雖後處戰地也能改變敵我處境與事在人為之理。

【章按】

此章孫子總言先處戰地者佚、後處戰地者勞與善於用兵作戰的將帥通過運用謀略可以改變這一狀況之所在,説明事在人爲之理。

二章

出其所不趨,趨其所不意。行千里而不勞者,行於無人之地也。

【釋】

善於指揮作戰的將帥,應出敵所不趨或不及趨之路徑,應趨敵所意想不到或不及意想之地。其所以能行千里之程而不勞頓,這是因爲所行之處如無人之境使然。

【按】

此節孫子言以敵隙為用,說明善於指揮作戰的將帥應出之路徑、應趨之地為何,以及使部隊行千里而不勞之原因所在。

攻而必取者,攻其所不守也。守而必固者,守其所不攻也。

【釋】

要進攻即必定取之者,是因爲攻擊了敵人所未防守或不及守防之地。要防守即必固之者,是因爲所防守的是敵人所無法進攻或不敢進攻之地。

【按】

此節孫子言以敵疏漏為用,說明善於指揮作戰的將帥應攻、應守之道理所在,從而達到克敵制勝之目的。

故善攻者,敵不知其所守;善守者,敵不知其所攻。

【釋】

所以,善於進攻的將帥,敵人不知如何進行防守;善於防守的將帥,敵人不知從哪裡進攻。

【按】

此節孫子言以物形之變化為用,說明善於進攻或防守的將帥,能使敵人守時不知如何守而攻時不知從哪里攻。

微乎微乎,至於無形;神乎神乎,至於無聲,故能爲敵之司命。

【釋】

由於所出所趨所攻所守能達到微妙至極而至於無形無影，神奇至極而至於無聲無息，所以能成爲敵之命運的主宰。

【按】

此節孫子言以物形之變化為用而達目的，説明軍事行動必須微妙至於無形、神奇至於無聲，方能使敵莫測奥秘而致失敗之理。

【章按】

此章孫子總言善出善趨善攻善守的將帥應如此而成自保勝敵之奥秘所在。縱觀此章，頗有當年我軍游擊戰中攻、守之意味，所以其似曾爲毛、劉、周、朱、鄧及其他共和國將帥所使用，從而成爲打敗强大敵人的一個重要手段。

三章

進而不可禦者，衝其虚也；退而不可追者，速而不可及也。

【註】

禦：抵禦。

【釋】

進而敵不可抵禦，是因爲衝擊了敵人關鍵而又虚弱之處；退而敵不可追及，是因爲撤退的速度快而讓敵人追不上。

【按】

此節孫子言以虛實進退為用，説明進攻應把握準確敵人虚弱而關鍵之處，退却應迅捷快速讓敵無法追及之理。

故我欲戰，敵雖高壘深溝，不得不與我戰者，攻其所必救也;我不欲戰,雖畫地而守之,敵不得與我戰者,乖其所之也。

【釋】

所以,我欲與敵戰,敵雖有高壘與深溝加以防護,但也不得不與我戰,是因爲我所攻擊的是敵必須援救之地;我不欲與敵戰,我雖祇畫地爲城池而守,敵也不得與我開戰,是因爲我設法調動敵人,使之改變了進攻的想法。

【按】

此節孫子言以事物的互動互變所在為用,説明應以事物必然的變與不變為用而成進攻與防守之有利態勢之理。

故形人而我無形,則我專而敵分。我專爲一,敵分爲十,是以十攻一也,則我衆敵寡。能以衆擊寡者,則吾之所與戰者約矣。

【註】

約:李氏曰:"少、寡。"

【釋】

所以,讓敵人暴露形迹而我却深藏無形,則我即可兵力集中而致敵人兵力分散。我之兵力集中在一處,敵人的兵力分散在十處,則我即可以十倍的兵力攻敵之一部,如此則我爲衆而敵爲寡。而能以衆擊寡者,正是我每次與敵交戰敵之兵力少的緣故。

【按】

此節孫子言以物形之有無為用而達目的,説明我應以無形專一之兵力攻滅有形且分散之敵之道理。

吾所與戰之地不可知,不可知則敵所備者多,敵所備者多，則吾所與戰者寡矣。

【釋】

我所要與敵交戰之地敵不可知，敵不可知則需要守備的地方就多，敵所需要守備的地方多，則我要與敵戰的地方敵之兵力必然寡弱。

【按】

此節孫子言以物勢之隱現為用，説明以我要與戰之地敵不可知而達克敵制勝目的之奥妙所在。

故備前則後寡，備後則前寡，備左則右寡，備右則左寡，無所不備則無所不寡。寡者，備人者也。衆者，使人備己者也。

【釋】

所以，防備了前面則必然後面兵力單薄，防備了後面則必然前面兵力單薄，防備了左面則必然右面兵力單薄，防備了右面則必然左面兵力單薄，如果没有不防備的地方則没有地方不單薄。所以，兵力變得單薄者往往是防守的一方，而兵力變得衆多者往往是讓敵人防備自己的一方。

【按】

此節孫子言以易學萬物必然的不完整性之理為用，説明敵人所以兵力薄弱是因為在防備别人，而我所以兵力衆多是因為在讓敵人防備自己的道理。

【章按】

此章孫子所論，結合前二章，可知其與毛、劉、周、朱、鄧及其他共和國將帥面對强大敵人開展軍事游擊戰争而不斷克敵制勝，並進而以農村包圍城市最終奪取城市以至解放全國的戰争歷程，十分契合。這說明，毛、劉、周、朱、鄧及其他共和國將帥在自己的革命生涯中，曾以孫子之兵學思想爲用，並且發展了孫子的兵學思想。

四章

故知戰之地，知戰之日，則可千里而會戰。

【釋】

所以，能知所戰之地爲何，能知所戰之日爲何，就可以充分做好準備而長驅千里，前去與敵會戰。

【按】

此節孫子言“知彼知己，百戰不殆”之理，說明絶不可打無把握、無準備之仗。

不知戰地，不知戰日，則左不能救右，右不能救左，前不能救後，後不能救前，而况遠者數十里、近者數里乎？

【釋】

不知戰場在何地，不知交戰在何日，而盲目進兵，就會左翼不能援救右翼，右翼不能援救左翼，前軍不能援救後軍，後軍不能援救前軍，更何况那些相距遠達數十里的部隊，或者相距雖近但也有數里的部隊呢？

【按】

此節孫子言“死生之地，存亡之道”，說明作戰部隊絶不能在根本不了解敵情的時候，盲目進兵，否則將必然會被動挨打甚至遭致覆滅之理。

以吾度之,越人之兵雖多,亦奚益於勝哉?故曰:勝可爲也,敵雖衆,可使無鬥。

【註】

越人:李氏曰:“即越國人。其時吳、越爲敵國。”

【釋】

以我的忖度,越國人的兵衆雖多,對於取勝又有什麼益處呢?所以說我們的勝利是可以取得的,敵兵雖然衆多,可以使其無法與我相鬥。

【按】

此節孫子言以物勢之隱現為用而達目的,說明越兵盲目進軍,不知戰地、戰日為何,祇能被動挨打之道理所在。

【章按】

此章孫子總言絕不能打無把握、無準備之仗,說明作戰部隊絕不能在不知敵情的時候盲目進兵之理,以及越人之兵雖多,但由於不知戰地、戰日而無法與我相鬥之理。

五章

故策之而知得失之計,作之而知動靜之理,形之而知死生之地,角之而知有餘不足之處。

【註】

此節内涵極爲豐富,哲理極爲深奥。策、作:李氏曰:“策,策度、測算。”“作,動作,引申爲挑動。”形之、角之:李氏曰:“形之,示形於敵。”“角之,與敵較量一番。”

【釋】

所以,通過對敵情的分析判斷,可以了解敵人在謀劃上的得失;通過挑動敵人並使之行動,可以發現敵人的活動規律;通過示形而引誘敵人暴露形迹,可以觀察敵人所據地形的險易;通過與敵人進行小規模的較量,可以了解敵人兵力配備上的虛實强弱。

【按】

此節孫子言以策之、作之、形之、角之對事物深入義理辨析之為用,説明在大戰前應深知敵我雙方的得失之計、動静之理、死生之地、有餘不足之處之意義所在。孫子所論哲理極為深奥,中國易學對事物義理的深入辨析與以事物互動互變的必然邏輯所在為用之哲理於此可見一斑,中國易學之博大精深於此亦可見一斑。

故形兵之極,至於無形。

【釋】

因此,佯動示形達到了極致,就可以使自己不暴露任何形迹。

【按】

此節孫子言以隱形為用,説明克敵制勝的正確謀略與相應舉措完備後,即應深藏不露而至無形之理。

無形則深間不能窺,智者不能謀,因形而措勝於衆,衆不能知。

【註】

深間:深藏之間諜。

【釋】

深藏不露而至無形則深藏之間諜不能窺見,敵之智者也無法用謀,我則因敵之形而將勝利擺在衆人之前,衆人却不知其奥秘所在。

【按】

此節孫子言以隱形克敵,説明隱於無形之中因敵形如何而克敵制勝之重要意義所在。

人皆知我所以勝之形,而莫知吾所以制勝之形,故其戰勝不復,而應形於無窮。

【釋】

人們都知道我所以能戰勝敵人的具體方式,却不知道我用這種方式爲什麼能戰勝敵人。所以,每次戰勝敵人的辦法都不能再重復,而要根據具體情况的不斷變化作出無窮的變化。

【按】

此節孫子言因敵應形無窮,説明因敵形如何而應形,不能照搬舊法為用之道理所在。這對於凡事不明白别人思想文化的特點與根源,衹知照搬照抄的人來説也應該有很好的啓發意義。

【章按】

此章孫子總言知敵、因敵而謀劃舉措的重要性與形兵之極至於無形、因敵而應形於無窮之奥秘所在,其理可謂深焉。

六章

夫兵形象水,水之形避高而趨下,兵之形避實而擊虛。水因地而制流,兵因敵而制勝。

【釋】

兵形如同水形,水流之形避高而趨下成流,兵勢之形避實而擊虛成勢。水因地有低而制其流爲形,兵因敵有虛而制其勝爲形。

【按】

此節孫子言以形物之性情趨勢為用，說明用兵需以兵勢所以為形之理為用，對此要辦好天地人世之事與此同理。

故兵無常勢，水無常形，能因敵變化而取勝者，謂之神。

【釋】

所以兵無固定不變之勢，水無固定不變之形，能因敵之變化如何而應形行勢取勝於敵，可謂是神通兵形兵勢爲用了。

【按】

此節孫子言因敵應形行勢，說明任何事物都無固定不變之形之勢，與能因敵變化而取勝之道理所在。

【章按】

此章孫子總言兵形如同水形一樣，兵因敵有虛制其勝爲形，並言世上萬物都無固定不變之形之勢之理。

七章

故五行無常勝，四時無恒位。

【釋】

所以，隨着世上萬物的生成與消亡，在五行生息勝克中無有那一種事物能保持常勝不敗，有如四時之春夏秋冬沒有哪一個季節能恒定不變一樣。

【按】

此節孫子言萬物陰陽造化之理、五行勝克之義，說明在世上萬物的生成與消亡過程中生息勝克關係也處在不斷變化中之道理所在。

日有短長，月有死生。

【釋】

即使剛陽之日也有使大地寒冷萬物收藏之冬短日與使大地炎熱萬物盛長之夏長日，柔陰之月也有使夜間伸手不見五指之晦暗與使夜間如同白晝之明亮，更何況萬物此消彼長過程中的種種重大變化。

【按】

此節孫子言以應變適從為用，説明凡事需因事物此消彼長之變化而變的客觀規律，而成克敵制勝之結局的道理。

【章按】

此章孫子總言天地萬物陰陽造化之理、五行勝克之義，説明能因事物變化而變化達到固己與進取的目的，方可謂之神通萬物及其變化的道理。

下卷

軍争篇第七

争,争奪、争勝。李氏曰:"兩軍争奪作戰的有利條件,亦即争奪先機之利、争奪戰場主動權的意思。"

一章

孫子曰:凡用兵之法,將受命於君,合軍聚衆,交和而舍。

【註】

舍:捨棄,有距離之義。參《論語·子罕》的"不舍晝夜"、《左傳》晉文公的"退避三舍",並參《用間篇第十三》的"導而舍之"的"舍"字之義。

【釋】

孫子說:凡用兵作戰之法,將帥受命於君主後,組合部隊聚集兵衆,使所屬將士各明其責,應以世理世義交和同處而捨棄相互之間的私怨奉命戰敵。

【按】

此節孫子言立軍之道,説明將帥受命於君主合軍聚衆後,相互之間能否以世理世義交和同處而捨棄相互之間的私情怨情，是用兵作戰能否取勝的先决條件之理。

莫難於軍争，軍争之難者，以迂爲直，以患爲利。

【釋】

將士以世義理交和同處而捨棄相互間的私怨、軍容嚴整後，最難者莫過於與敵争奪戰場主動權，争奪戰場主動權需以迂爲直以患爲利方能達到目的。

【按】

此節孫子言軍争之關鍵與要害，説明要争奪戰場主動權衹有以迂為直、以患為利方能出敵不意而達到目的之理。

故迂其途而誘之以利，後人發，先人至，此知迂直之計者也。

【釋】

故而應迂其所進之途而誘敵以利，使敵産生錯覺，這樣方能後人進發而先敵到達理想戰場，此爲知以迂爲直之計要害所在者。

【按】

此節孫子言軍争之計，説明衹有如此方能在敵始料不及中奪取戰場主動權之理。

【章按】

此章孫子總言將帥合軍聚衆、相互交和而舍的重要性，與要争奪戰場主動權衹能以迂爲直而達到後人發、先人至的目的之理。

二章

軍争爲利,衆争爲危。舉軍而争利則不及,委軍而争利則輜重捐。

【註】

委軍:李氏曰:“丢下裝備輜重而輕軍前進。”

【釋】

争奪戰場主動權應是一件有利的事情,但争奪戰場主動權又是一件危險的事情。如果舉軍携帶輜重糧草去争利,由於大部隊行動遲緩往往無法達到目的;如果捨棄輜重糧草輕軍去争利,那麽到達戰場補給又成了嚴重問題。

【按】

此節孫子言軍争之利與危,説明輕軍前進與敵争奪戰場主動權將必然出現的問題所在。

是故卷甲而趨,日夜不處,倍道兼行,百里而争利,則擒三將軍;勁者先,疲者後,其法十一而至。

【註】

卷甲:李氏曰:“將鎧甲收捲起來不穿。”

【釋】

所以,爲輕軍而捲起鎧甲輕裝前進,日夜不停,倍道兼行,長驅上百里路去争奪戰場之利,則三軍將領就會被敵人擒獲;體力强的趕在前面,體力弱的落在後面,其結果是衹有十分之一的人員能够先到達目的地。

【按】

此節孫子言軍争之危,説明其具體表現之一為何。

五十里而爭利,則蹶上將軍,其法半至。

【註】

蹶:李氏曰:“倒下、跌倒,引申爲挫折、損失。”

【釋】

赶五十里路去爭利,就會折損上將軍,其結果是衹有一半的人員能夠先到達目的地。

【按】

此節孫子言軍爭之危,説明其具體表現之二為何。

三十里而爭利,則三分之二至。

【釋】

赶三十里路去爭利,則會衹有三分之二的人員能夠先到達目的地。

【按】

此節孫子言軍爭之危,説明其具體表現之三為何。

是故軍無輜重則亡,無糧食則亡,無委積則亡。

【註】

無委積:似爲無備用輜重糧草之意。李氏亦曰:“指物資儲備。”

【釋】

所以,軍隊没有輜重就會敗亡,没有糧食就會敗亡,没有物資儲備就會敗亡。

【按】

此節孫子言軍爭之慮,説明作戰將士的輜重、糧草、物資準備如何對於戰爭的重要意義。

【章按】

此章孫子總言舉軍與敵争奪戰場之利的各種危險所在,輜重、糧草、物資對於作戰部隊來説是何等的重要,説明爲將不能不顧客觀條件與戰爭準備是否充分而强行實施不合實際的作戰計劃,否則將會造成重大損失。

三章

故不知諸侯之謀者,不能豫交;不知山林、險阻、沮澤之形者,不能行軍;不用鄉導者,不能得地利。

【釋】

所以,在軍爭過程中,不知諸侯所謀如何,不能掉以輕心與之密切交往;不知所要經過的山林、險阻、沮澤情形如何,不能盲目行軍;不用可靠鄉導的帶路,不能得地利之宜。

【按】

此節孫子言軍爭之應注意的問題,説明與諸侯交往、考察行軍路綫情況與使用鄉導等之重要性所在。參《用間篇第十三》的"令吾間必索知之"之義。

故兵以詐立,以利動,以分合爲變者也。

【釋】

所以,戰爭中是靠詭詐之道立於不敗之地的,是看是否有利決定如何行動的,是以分散或集中作爲機變手段的。

【按】

此節孫子言軍爭之基本原則,説明以詐立、以利動、以分合為變實係軍爭原則的重要内容。

故其疾如風，其徐如林，侵掠如火，不動如山，難知如陰，動如雷震。

【註】

難知如陰：非指陰陽難易之理，乃泛指陰陽隱現之理。

【釋】

所以，在軍争過程中，凡易進時其快速要似疾風之行，難進時其徐緩要似林木之長，侵掠時其威勢要似烈火之熾，防守時其堅重要似山陵之固，敵間來時其難知要似不測之陰，戰攻時其動作要似震雷之降。

【按】

此節孫子言軍争之各種具體行為方式及其所必須具備的特點，説明軍隊在軍争過程中所以能勝敵一籌之原因所在。

掠鄉分衆，廓地分利，懸權而動，先知迂直之計者勝，此軍争之法也。

【註】

懸權而動：李氏曰："根據對利弊得失的權衡而採取行動。"

【釋】

掠取的敵國鄉邑財貨，除自己根據所需取用（参《作戰篇第二》的"因糧於敵"之義）外，應分給當地難以度日之百姓（参《火攻篇第十二》的"夫戰勝攻取而不修其功者凶"之義）；所掠奪的敵國山川土地，除自己根據所需固守外，應分給友邦以利控制，所有這些均應根據對利弊得失的權衡而採取相應的舉措；首先掌握了迂直之計奧秘的，就能獲得勝利——以上就是軍争的法則。

【按】

此節孫子言軍爭之應以迂為直的道理,説明以迂為直是軍爭的一個基本法則。

【章按】

此章孫子總言在軍爭過程中如何結交諸侯、如何行軍、如何使用鄉導以及兵以詐立、以利動、以分合爲變的基本原則和先知迂直之計奥秘者勝的基本法則,所言極爲深刻。

四章

《軍政》曰:“言不相聞,故爲之金鼓;視不相見,故爲之旌旗。”

【註】

《軍政》:李氏曰:“古兵書,已失傳。”又註:此處言《軍政》,在《軍形篇第四》言《兵法》,在《行軍篇第九》言“凡此四軍之利,黄帝之所以勝四帝也”,可見孫子在齊所見古兵書之多。

【釋】

《軍政》説:“(戰場上)言語互相聽不到,所以用金鼓作爲信號;眼睛互相看不到,所以用旌旗進行指揮。”

【按】

此節孫子言所以使用金鼓旌旗的原因,説明在古代通信聯絡極不發達的情况下,衹能用既能有效傳遞信息又可鼓舞鬥志的金鼓旌旗作為指揮工具。

夫金鼓旌旗者,所以一人之耳目也。人既專一,則勇者不得獨進,怯者不得獨退,此用衆之法也。

【釋】

金鼓和旌旗,是用來統一將士們的行動的。將士們的行動既然統一了,那麽勇敢的就不能獨自前進,怯懦的也不能獨自後退——這就是指揮衆多兵力作戰的法則。

【按】

此節孫子言金鼓旌旗的作用,説明在作戰中如何以金鼓旌旗使將士行動協調、力量專一,是指揮衆多兵力作戰之關鍵所在。

故夜戰多金鼓,晝戰多旌旗,所以變人之耳目也

【釋】

所以,夜間指揮作戰就要多用金鼓,白天指揮作戰就要多用旌旗,其目的就是要通過將士們的耳朵和眼睛來指揮他們、協調他們的行動。

【按】

此節孫子進一步言金鼓旌旗的作用,説明夜戰所以多用金鼓晝戰所以多用旌旗的原因所在。

【章按】

此章孫子總言在戰場上如何發揮金鼓旌旗的作用,以達到有效指揮部隊克敵制勝的目的之理。

五章

三軍可奪氣,將軍可奪心,是故朝氣鋭,晝氣惰,暮氣歸。

【釋】

對於敵方的軍隊,可以打擊他們的士氣;對於敵方的將領,可以動揺他們的信心。因此,對於一支軍隊來説,早晨士氣最旺

盛,白天士氣就會低落,傍晚士氣則將衰竭。

【按】

此節孫子言如何以心力為用,說明把握最佳時機擊敵之重要意義。

善用兵者,避其銳氣,擊其隋歸,此治氣者也。

【註】

治氣:李氏曰:"指掌握和運用部隊士氣之變化。"

【釋】

善於用兵經戰的將帥,應避敵士氣旺盛之時,而打擊其士氣低落以至衰竭欲歸之時,這是掌握和利用部隊士氣變化的原則。

【按】

此節孫子言如何以部隊士氣變化為用,說明在作戰中何為"治氣"及其意義所在。

以治待亂,以靜待嘩,此治心者也。

【註】

治心:李氏曰:"指掌握和利用將帥(士)心理之變化。"

【釋】

以我之嚴整待敵之混亂,以我之安靜待敵之喧嘩,這是掌握和利用將士心理變化的原則。

【按】

此節孫子言如何以將士心理變化為用,說明在作戰中何為"治心"及其意義所在。

以近待遠,以佚待勞,以飽待饑,此治力者也。

【註】

治力：李氏曰："指掌握和利用部隊體力之變化。"

【釋】

以我之近捷待敵之迂遠，以我之安逸待敵之疲勞，以我之飽食待敵之饑餓，這是掌握和利用部隊體力變化的原則。

【按】

此節孫子言如何以將士體力變化為用，説明在作戰中何為"治力"及其意義所在。

無邀正正之旗，勿擊堂堂之陳，此治變者也。

【註】

治變：李氏曰："指掌握並實施機動應變。"

【釋】

不要邀擊旗幟整齊的敵人，也不要進攻陣容强大的敵人，這是掌握並實施機變的原則。

【按】

此節孫子言如何以實施機變為用，説明在作戰中何為"治變"及其意義所在

【章按】

此章孫子總言在具體的軍爭中如何以"治氣"、"治心"、"治力"、"治變"爲用，以達到克敵制勝之目的。

六章

故用兵之法，高陵勿向，背丘勿逆，佯北勿從，鋭卒勿攻，餌兵勿食，歸師勿遏，圍師必闕，窮寇勿迫，此用兵之法也。

【註】

逆:謂逆戰。歸師勿遏:李氏曰:"對正在退返本國的敵人,不要從正面進行阻截。"

【釋】

所以,用兵的法則是:對佔領高地的敵人不要仰攻,對背靠丘陵的敵人不要從正面打擊,對佯裝敗退的敵人不要尾追,對精鋭的敵人不要進攻,對敵人的利誘不要上當,對撤退回國的敵人不要攔截,在包圍敵人時一定要留出缺口,對無路可走的敵人不應逼迫太甚。——這些,都是用兵打仗的具體方略。

【按】

此節孫子言對事物的義理辨析,説明在作戰中有所不向、不逆、不追、不攻、不食、不遏、必闕、不迫之道理所在,實為用兵爭戰之將師所應取法。參《謀攻篇第三》的"知可以與戰不可以與戰者勝"之義。

【章按】

此章孫子總言將帥在與敵爭戰中如何克敵制勝而保全自己具體方略,體現了孫子不尚武力而愛惜將士之仁心所在。

九變篇第八

九,極數。九變,李氏曰:“多變的意思。”

一章

孫子曰:凡用兵之法,圮地無舍,衢地合交,絶地無留,圍地則謀,死地則戰。

【註】

此“凡用兵之法”與“圮地無舍”之間原有“將受命於君,合軍聚衆”一語,但如此則文理不通,當爲上篇(即《軍争篇第七》)之文錯簡於此,因此删去。圮地、衢地、絶地、圍地、死地:李氏曰:“圮地:指山林、險阻、沼澤等一切難於通行的地域。”“衢地:數國交界,四通八達之地。”“絶地:難以生存的地域。”“圍地:進途狹隘,退路迂遠,敵人可以少量兵力擊我衆多兵力的地域。”“死地:指走投無路、非死戰無以求生之地。”

【釋】

孫子説:用兵作戰的一般法則是:將領從國君那裡接受了命令,要調集兵員,組成軍隊,然後出兵。出兵後,如果遇到“圮地”不要宿營,遇到“衢地”要注意與鄰國結交,遇到“絶地”不要停留,進入“圍地”要善用計謀,陷入“死地”則必須殊死拼殺。

【按】

此節孫子言以事物的互動互變為用,說明在各種地域情況下所應採取的措施為何。

途有所不由,軍有所不擊,城有所不攻,地有所不爭,君命有所不受。

【釋】

有的道路不要去走,有的敵人不要去主動打擊,有的城邑不要前去進攻,有的地方不要與敵人爭奪,國君的命令在必要時有的也可以不予接受。

【按】

此節孫子言遇到某些特殊情況下的謀略與舉措,說明將帥應根據戰時具體情況下利弊如何決定途經的由否、敵軍的擊否、城邑的攻否、地方的爭否、君命的受否等等。

【章按】

此章孫子總言將帥用兵一切應根據戰時的需要與具體情況下利弊存在與否採取謀略與舉措之理。

二章

故將通於九變之利者,知用兵矣。將不通九變之利,雖知地形,不能得地之利矣。

【釋】

所以,將帥通曉“九變”之利的,就算懂得用兵了。將帥如果不通曉“九變”之利,即使了解地形,也不能獲得地理方面的便利。

【按】

此節孫子言變弊而為利，説明將帥在戰時需因敵情如何並通於九變之利用兵。

【按】

此節孫子言變弊為利之重要意義，説明將帥作戰時通達於“九變之利”方屬懂得用兵，否則，如不能通達於“九變之利”，即使懂得地形，也“不能得地之利”而達到克敵制勝的目的。

治兵不知九變之術，雖知五利，不能得人之用矣。

【註】

五利：據上下文觀之應是指敵我不同之利弊、地形不同之利弊、先後不同之利弊、敵友不同之利弊、民衆不同之利弊的五利。

【釋】

治理軍隊，却又不懂“九變”之術，即使知道“途有所不由，軍有所不擊，城有所不攻，地有所不争，君命有所不受”這五個方面的好處，也不能充分發揮將士們的作用。

【按】

此節孫子言變弊為利之術，説明將帥在戰時如不懂“九變之術”，則“不能得人之用”而變弊為利，達到克敵制勝的目的。

【章按】

此章孫子總言將帥在戰時應通於九變之利、知九變之術而成克敵制勝之理，所論極爲深刻。

三章

是故智者之慮，必雜於利害：雜於利，而務可信也；雜於害，而患可解也。

【釋】

所以，聰明的將帥考慮問題，必定兼顧利與害兩個方面：在不利的情況下仔細分析有利的因素，可以樹立起必勝的信心；在有利的情況下認真分析不利的因素，則隱患就可以預先化解。

【按】

此節孫子言以取利除害為慮，説明明智的將帥慮事必須雜於敵我的各種利弊進行考慮方能達到克敵制勝目的之理。

是故屈諸侯者以害，役諸侯者以業，趨諸侯者以利。

【釋】

要想使諸侯屈服於我，可以採取各種手段去損害他；要想使諸侯爲我所役使，可以誘使他從事各種勞民傷財的事業；要想讓諸侯爲我所調遣，可以用某種利益去聯結他。

【按】

此節孫子言"屈"、"役"、"趨"諸侯的具體辦法，説明衹要方法得當，諸侯是完全可以調動的。

故用兵之法，無恃其不來，恃吾有以待之；無恃其不攻，恃吾有所不可攻也。

【釋】

所以，將帥用兵之法，不要寄希望於敵人不來，而應寄希望於自己有所準備而等待之；不要寄希望於自己的敵人不攻，而應寄希望於自己準備充分讓敵人無法攻和不敢攻。

【按】

此節孫子言將帥對敵來與不來和攻與不攻應取之基本態度，説明將帥衹有對敵事前有所準備而且準備充分，方能立於不敗之地之理。

【章按】

此章孫子總言凡明智將帥慮事必須雜於敵我雙方各種利害考慮問題,説明將帥應統觀全局、寄希望於自身方能克敵制勝、立於不敗之理。

四章

是故將有五危;必死可殺,必生可虜,忿速可侮,廉潔可辱,愛民可煩。

【註】

必死、必生、忿速:李氏曰:"必死:指輕於生死、勇於決鬥。""必生:指貪生怕死、但求保命。""忿速:指性格易於氣憤、激動且急於求成。"

【釋】

所以,將帥有五種致命的弱點應警覺:輕於生死,勇於決鬥,就可能被敵人設計誘殺;一味兒貪生怕死,就可能被敵人生俘;急躁易怒,就可能中敵人故意激怒之的奸計;廉潔自愛,就可能上敵人故意侮辱之的圈套;愛護民衆,就可能被敵人故意採取的種種暴行所煩擾。

【按】

此節孫子言事物的義理辨析,説明將帥由於各自的不同心理狀態而被敵以不同方式駕御、左右而致危險結局以及循敵方將帥心理弱點而達成目的之理。又按:把人的心理作為衆物中之一物,把將帥的不同心理特點與勝負結果聯係起來,對於那些持直至近代歐洲的唯物論的實在論者來説,應該是不可理解的,這也是中華民族優秀文化所以被這些人指為唯心主義之根本所在。

凡此五者,將之過也,用兵之災也。覆軍殺將,必以五危,不可不察也。

【釋】

以上五種情况,是由於將帥性格上的缺陷所造成的,這是用兵作戰的巨大灾難。軍隊的覆滅和將帥的被殺,必定是由這五種危險因素所導致的,因而不可不予以高度重視並認真加以考察。

【按】

此節孫子言事物的義理辨析,指出用兵作戰將帥必須防敵利用我之心理弱點勝我之道理所在,説明如不以此戒備必成用兵之災而致覆軍殺將,使國家與百姓處於危難之中,因此不可不察。又按:必以五危,即致危的隱潛五行之事。

【章按】

此章孫子總言在敵我事物的互動互變之中,人的心理爲衆物叢中一物之所在,不僅我可以此克敵制勝,敵亦能無孔不入以此勝我,説明絶不可低估將帥的心理狀况在萬物造化中的利弊作用之理。

行軍篇第九

行,行動。行軍,爲行動軍隊或軍隊行動之意。

一章

孫子曰:凡處軍相敵,絶山依谷,視生處高,戰隆無登,此處山之軍也。

【釋】

孫子説:凡指揮、處置部隊,觀察、判斷敵情,必須遵照下述原則:跨山越嶺,要沿着山谷行進;停軍宿營,要居於利生之高地;山地作戰,不要仰攻已經占領高地的敵人——這是在山地行軍作戰時處置部隊的原則。

【按】

此節孫子言在山地環境行軍作戰的基本原則,説明敵我雙方均處在山地環境時己方應當避免的做法和應當採取的措施。

絶水必遠水;客絶水而來,勿迎之於水内,令半濟而擊之利;欲戰者,無附於水而迎客,視生處高,無迎水流,此處水上之軍也。

【釋】

渡過江河之后,要迅速遠離江河。敵人渡河來攻,不要在水中迎擊它,而要乘其渡過一半的時候再發起進攻,這樣方最爲有利;要想與敵人交戰,不要靠近水邊排兵布陣以迎擊敵人;部隊在江河地帶駐扎,要部署在高而能進退有據的地方,切不可部署在敵人下游正對着水流的地方——這是在江河地帶行軍作戰時處置部隊的原則。

【按】

此節孫子言在江河地帶行軍作戰的基本原則,説明敵我雙方均處在江河環境時己方應當避免的做法和應當採取的措施。

絶斥澤,唯亟去無留,若交軍於斥澤之中,必依水草而背衆樹,此處斥澤之軍也。

【註】

斥澤:李氏曰:“指鹽碱沼澤地帶。斥,鹽碱地。”

【釋】

部隊越過鹽碱沼澤地帶的時候,要迅速通過,切勿停留;如果在鹽碱沼澤地帶與敵人交戰,必須旁依水草而背靠樹林——這是在鹽碱沼澤地帶行軍作戰時處置部隊的原則。

【按】

此節孫子言在鹽碱沼澤地帶行軍作戰的基本原則,説明敵我雙方均處在鹽碱沼澤地帶時己方應當避免的做法和應當採取的措施。

平陸處易,右背高,前死後生,此處平陸之軍也。

【註】

右:右爲退、左爲進(參《周易·師卦》的“師左次”之義)。

【釋】

在平原地帶駐軍,要在平坦開闊的地方,而且應右後側有可以依托、據守的高地,前係敵人的死地,後方補給方便有利於我方生存之地——這是在平原上行軍作戰時處置部隊的原則。

【按】

此節孫子言在平原地帶行軍作戰的基本原則,説明敵我雙方均處在平原地帶時己方應當避免的做法和應當採取的措施。

凡此四軍之利,黄帝之所以勝四帝也。

【註】

黄帝:中華民族開國創業之始祖。四帝:李氏曰:“指四方之帝,即周邊部族聯盟的首領。一般泛指炎帝、蚩尤等人。簡本《黄帝伐赤帝》:‘(南伐赤帝),……東伐(青)帝,……北伐黑帝,……西伐白帝,……已勝四帝,大有天下。’”

【釋】

上述四種處置部隊的原則所帶來的好處,正是當初黄帝所以能够戰勝“四帝”的重要原因所在。

【按】

此節孫子言黄帝所以勝四帝,説明上古黄帝以此四軍之利,而成中華民族數千年之基業。

【章按】

此章孫子總言如何成四軍之利,並言黄帝之所以勝四帝而成中華民族數千年基業之原因所在。

二章

凡軍好高而惡下,貴陽而賤陰,養生處實,軍無百疾,是謂必勝。

【註】

貴陽而賤陰:非指剛柔相濟之理,爲泛指陰陽順逆之理。養生處實:李氏曰:"指軍隊要駐扎在便於生活、生存和軍需物資供應便利的地方。養生,指物産豐富,便於生活的地方。實,指物資供應方便的地域。"

【釋】

大凡行軍作戰,要力爭佔領高敞之地,力避居於低窪之地,重視向陽乾燥之地,不住陰暗潮濕之地,駐地物產要豐富,軍需供應要方便,要有利於生存,這樣將士們就會百病不生,是謂必勝無疑。

【按】

此節孫子言陰陽順逆之理,說明所處之軍駐地如何、是否有利於軍隊駐扎、生存,是克敵制勝的重要因素。

丘陵堤防,必處其陽而右背之,此兵之利,地之助也。

【註】

必處其陽:泛指所處之地陰陽有順之理。

【釋】

部隊駐地如果有丘陵堤防,一定要居於向陽的一面,並且右後側要係可供依托、據守的高地,這些都是對用兵作戰有好處的措施,也是對有利地形的借助。

【按】

此節孫子言地利剛柔兼得之理,說明處軍應以丘陵堤防等等為所用而成克敵制勝之局。

上雨,水沫至,欲涉者,待其定也。

【釋】

上游如有暴雨,山洪將至前必有水沫先至,將士欲涉者,必須等水勢平穩下來,以防因水勢洶湧而生不測。

【按】

此節孫子言明察征象而安全涉水,説明軍隊在下游行動而上游有大雨,如需涉越河川,必防山洪之突至之理。

凡地有絶澗、天井、天牢、天羅、天陷、天隙,必亟去之,勿近也。

【註】

絶澗、天井、天牢、天羅、天陷、天隙:李氏曰:"絶澗:指兩岸陡峭、水流其間的險惡地形。""天井:指四周高峻、中間低窪的地形。""天牢:險山環繞、易進難出、形同牢獄的地形。""天羅:指荆棘叢生、有如羅網、不易通過的地形。""天陷:指地勢低窪、泥濘易陷的地形。""天隙:指兩山之間狹窄難行的谷地。"

【釋】

凡遇到"絶澗"、"天井"、"天牢"、"天羅"、"天陷"、"天隙"等地形,一定要迅速離開,不要靠近。

【按】

此節孫子言各種絶險之地,説明軍隊行動凡遇極為險惡地形地勢應亟去而勿近,以免陷於困境而致毀敗之理。

吾遠之,敵近之;吾迎之,敵背之。

【釋】

我軍遠離它們,而讓敵人靠近它們;我軍面向它們,而讓敵人背靠它們。

【按】

此節孫子言事物的義理邏輯之理,說明軍隊在行動中對極其險惡地形地勢,應保持高度的警惕性,自己“遠之”、“迎之”,而使敵人“近之”、“背之”。

軍旁有險阻、潢井、蒹葭、林木蘙薈者,必謹覆索之,此伏奸之所也。

【註】

潢井:以文義考之,似爲潮濕而有進出口的洞穴。蒹葭:李氏曰:“蘆葦,這裡指水草叢生之地。”

【釋】

部隊旁邊如果有障礙險阻之地、洞穴低窪沼澤之地以及蘆葦、林木、雜草叢生之地,一定要仔細地反復搜索,因爲這些地方容易隱藏敵兵和奸細。

【按】

此節孫子言防敵奸細,說明在軍隊駐扎之地附近必須進行嚴密搜索,以免中敵伏擊和被敵奸細所偵察。參《用間篇第十三》的“微哉,微哉,無所不用間也”之義。

【章按】

此章孫子總言軍隊行軍或宿營時可能遇到的各種險惡地形,說明面臨各種險惡地形時所應注意的問題和具體應對的措施。

三章

近而靜者,恃其險也;遠而挑戰者,欲人之進也。

【釋】

敵人離我軍雖然很近但仍能保持鎮静，是因爲他們自恃佔據着險要地形；敵人離我軍雖然很遠但却主動前來挑戰，是企圖引誘我軍前進。

【按】

此節孫子言事物的義理辨析，説明戰場上應明辨敵之鎮静與主動挑戰的原因，以免墮入敵之圈套。

其所居易者，利也；衆樹動者，來也；衆草多障者，疑也；鳥起者，伏也；獸駭者，覆也；塵高而鋭者，車來也；卑而廣者，徒來也。

【註】

覆：李氏曰："傾覆、覆没，引申爲敵軍鋪天蓋地、大舉來襲。"

【釋】

敵人佔領平坦有利之地，肯定是自認爲有利可圖；樹叢揺曳擺動，表明敵人正向我軍隱蔽前進；草叢之中障礙很多，是敵人故意設下的疑兵之計；鳥雀受驚飛起，表明其下定有埋伏；群獸驚駭奔逃，表明敵人正在大舉來襲；飛塵高而尖鋭，表明敵人的戰車正向我軍馳來；飛塵低而寬廣，表明敵人的步兵正在向我攻來。

【按】

此節孫子言事物的義理辨析，説明戰場上應明察各種徵象，借以判斷敵人的意圖，使自己能及時有所準備之理。

散而條達者，樵採也；少而往來者，營軍也；辭卑而益備者，進也；辭强而進驅者，退也；輕車先出居其側者，陳也;無約而請和者,謀也;奔走而陳兵者,期也。

【註】

輕車:即戰車。

【釋】

樹枝搖動而分散,是敵人正在打柴;敵軍很少而且來回走動,是敵人正在營軍;敵人的使者言辭謙卑而敵人却又在加緊備戰,表明敵人正準備向我軍進攻;敵人的使者言辭强硬且敵軍正在向我軍進逼,表明敵人實際是準備撤退;敵人的輕車先出來並且居於兩翼,表明敵人是要排兵布陣;敵人事先没有約定而突然派人前來講和,表明其必有陰謀;敵人頻繁調動並佈局戰陣,説明他們是要與我軍進行决戰。

【按】

此節孫子言事物的義理辨析,説明戰場上應根據敵人的各種徵象判斷敵人是“樵採”、“營軍”,還是“進”、“退”、“陣”、“謀”、“期”之理。

半進半退者,誘也;杖而立者,饑也;汲而先飲者,渴也;見利而不進者,勞也;鳥集者,虚也;夜呼者,恐也。

【釋】

敵人半進半退,説明他們企圖引誘我軍向前;敵軍士兵拄着兵器站立,這是他們非常饑餓的表現;敵軍士兵若打了水自己先喝足,這是他們十分乾渴的表現;敵人明知有利但却不肯前進,這是他們疲勞已極的表現;敵人營中飛鳥聚集,表明這已經是一座空營;敵軍夜間突然驚呼,這是他們已很驚恐的表現。

【按】

此節孫子仍言事物的義理辨析,説明戰場上應根據敵人的某些徵象判斷其是否已處於不利境地。

軍擾者，將不重也；旌旗動者，亂也；吏怒者，倦也；殺馬肉食者，軍無糧也；懸缻不返其舍者，窮寇也。諄諄諭諭徐與人言者，失衆也；數賞者，窘也；數罰者，困也；先暴而後畏其衆者，不精之至也；來委謝者，欲休息也。

【註】

諄諄諭諭：李氏曰："懇切和順、絮道不休的意思。諄諄，懇切和順的樣子。諭諭，和舒貌。"

【釋】

敵軍紛擾混亂不休，說明他們的將領没有威嚴；敵軍旌旗亂動無序，表明其隊伍混亂不整；敵軍官佐動輒發怒，是敵卒疲倦厭戰的表現；敵軍殺掉戰馬爲食，是他們已經無粮；又收拾起炊具，不再回到營舍，説明他們已經成爲打算死戰突圍的窮寇；敵軍將領懇切和順、絮絮叨叨地與部屬講話，表明其已經失掉部衆的擁護；敵軍頻繁地賞賜，表明其已經陷入窘境；敵軍不斷地處罰，表明其已經陷入困境；敵軍將領對部衆先是粗暴，後是畏懼，是其最不精明的表現；敵人前來賠禮謝罪，是希望暫時休兵罷戰。

【按】

此節孫子仍言事物的義理辨析，説明戰場上祇要出現了上述徵象，則敵人應已經處於極為不利的境地。

兵怒而相迎，久而不合，又不相去，必謹察之。

【釋】

凡所屬之兵衆相見怒而相迎，久而不能和合，又不肯離去，則將帥必須對此謹慎地加以觀察並及時處理。

【按】

此節孫子言察兵之情,說明指揮作戰的將帥對兵衆糾紛必須謹觀察並及時而妥善地進行處理,以免不戰自敗。

【章按】

此章孫子總言用兵作戰的將帥應對事物進行義理辨析,能知敵之動、形、情而因之,並應察軍之情、察兵之情,體恤部屬,謹慎觀察並及時而妥善地進行處理部衆之糾紛,說明衹有如此方能克敵制勝並避免不戰自敗之理。

四章

兵非貴益多,唯無武進,足以併力、料敵、取人而已。

【釋】

兵力並不是越多越好,衹要不專恃武力,輕舉妄動,足以用來集中力量、判明敵情並最後戰勝敵人就可以了。

【按】

此節孫子言將帥之用兵,說明將帥用兵作戰以能集中兵力、準確判斷敵情並最終克敵制勝為上。

夫唯無慮而易敵者,必擒於人。

【釋】

那種既不深思熟慮而又輕敵的將帥,勢必成爲敵人的俘虜。

【按】

此節孫子言將帥之用兵,說明用兵作戰的將帥不可魯莽,不可輕敵,否則勢必會因戰敗而成為敵人的俘虜。

【章按】

此章孫子總言將帥指揮作戰應因敵用兵,而非兵力越多越好;同時要有謀略,不可僅憑武力而魯莽行事。

五章

卒未親附而罰之,則不服,不服則難用。

【釋】

將帥所統士卒還未親附就施行懲罰,則士卒必然不服,士卒不服就會難以用於作戰。

【按】

此節孫子言事物的義理邏輯之理,説明將帥應嚴於律己,以人世之理、義,使兵衆親附自己。參《始計篇第一》的"將者,智、信、仁、勇、嚴也"之義。

卒已親附而罰不行,則不可用。

【釋】

將帥所統士卒已經親附,但有過失卻不行懲罰,則同樣不可用於作戰。

【按】

此節孫子言事物的義理邏輯之理,説明將帥在士卒已經親附的情況下,應令行禁止嚴明賞罰,否則就將無法指揮他們作戰。參《兵勢篇第五》的"凡治衆如治寡,分數是也"之義。

故令之以文,齊之以武,是謂必取。

【釋】

所以,平時對士卒既要用道義來教育、團結他們,又要用紀律和法度來統一、整齊他們,這樣方能戰則必勝。

【按】

此節孫子言事物的義理邏輯之理,説明將帥用兵平時應既重視思想品行教育，又重視紀律與法度的建設，如此方能戰則必勝。參《兵勢篇第五》的“鬥衆如鬥寡，形名是也”之義。

令素行以教其民，則民服；令不素行以教其民，則民不服。令素行者，與衆相得也。

【釋】

平時能嚴格執行軍令，並以此教育部衆，部衆就會養成服從命令的習慣；平時不能嚴格執行軍令，並且不能以此教育部衆，部衆就無法養成服從命令的習慣。平時命令能够得到嚴格執行，表明將吏與士卒之間相互信賴、相處融洽。

【按】

此節孫子言事物的義理邏輯之理，説明軍隊必須養成服從命令的習慣，而軍隊能養成服從命令的習慣靠的是平時的嚴格管理與教育；同時，部隊能嚴格執行命令，則表明將帥與士卒之間相互信賴、關係融洽。參孔子的“民無信不立”（《論語》·顔淵）之義，與《謀攻篇第三》的“夫將者，國之輔也，輔周則國必强，輔隙則國必弱”之義。

【章按】

此章孫子總言國家與軍隊對百姓對兵衆之令應建立在是否得民心、得軍心的基礎之上，並言命令應考慮將帥能否與衆相得並成真正“素行”之理，説明以威行令不僅民心、軍心不服，而且絶對不可能長久。

地形篇第十

一章

孫子曰:地形有通者,有挂者,有支者,有隘者,有險者,有遠者。

【註】

通、挂、支、隘:李氏曰:“通形:指四通八達、平坦便利的地形。”“挂形:指復雜多礙、易進難退的地形。”“支形:指雙方有險可憑、先出者不利的地形。”“隘形:指兩側高山聳峙、中有深谷可通的地形。”

【釋】

孫子說:地形有四通八達的通地、易進難退的挂地、先出者不利的支地、中有深谷可通的隘地、中間激流兩邊峭壁的險地和敵我相距甚遠的遠地這樣六種地形。

【按】

此節孫子言地形之别,説明各種不同的地形地勢對於軍隊作戰會有不同的影響之理。

我可以往,彼可以來,曰通。通形者,先居高陽,利糧道,以戰則利。

【註】

先居高陽:泛指陰陽能順之理。

【釋】

作戰中我可以往、敵可以來之地爲“通形”。在通形之地作戰,應先搶佔高而利於生活,又有利於糧草補給之地,與敵交戰則會有利於我。

【按】

此節孫子言“通形”之地,説明在“通形”之地作戰宜採取的應對之策。

可以往,難以返,曰挂。挂形者,敵無備,出而勝之;敵若有備,出而不勝,難以返,不利。

【釋】

可以前往、難以返回的地域叫做“挂形”。在這種地形上作戰,如果敵人没有佈防,我軍可以出擊,並可戰而勝之;如果敵人已有防備,我軍出擊不勝,便難以返回,那樣就很不利了。

【按】

此節孫子言“挂形”之地,説明在“挂行”之地作戰宜採取的應對之策。

我出而不利,彼出而不利,曰支。支形者,敵雖利我,我無出也;引而去之,令敵半出而擊之,利。

【釋】

我軍出擊不利、敵軍出擊也不利的地域叫做“支形”。在這樣的地形上作戰,敵人雖然以小利引誘我方,我方也不可出戰,而應當率軍假裝撤退,誘使敵人出動一半時再回擊,如此方有利。

【按】

此節孫子言“支形”之地，說明在“支形”之地作戰宜採取的應對之策。

隘形者，我先居之，必盈之以待敵；若敵先居之，盈而勿從，不盈而從之。

【註】

盈：李氏曰：“充盈、充滿。這裡指配備充足的兵力。”

【釋】

在險隘的地形上作戰，我方應當先敵佔領隘口並配備足夠的兵力以等待敵人前來進攻；如果敵人先我佔領隘口並且用重兵把守，那麼我軍就不可硬攻，如果敵人並沒有重兵防守，那麼我軍仍然可以進攻。

【按】

此節孫子言“隘形”之地，說明在“隘形”之地作戰宜採取的應對之策。

險形者，我先居之，必居高陽以待敵；敵若先居之，引而去之，勿從也。

【註】

必居高陽：泛指陰陽有逆之理。

【釋】

在險要的地形上作戰，如果我軍先敵到達，一定要佔領高而作戰、利於生活之地，以等待敵人前來進攻；如果敵人先我佔領，那麼我軍就應當主動撤退，而不可貿然進攻。

【按】

此節孫子言"險形"之地,說明在"險形"之地作戰宜採取的應對之策。

遠形者,勢均難以挑戰,戰而不利。

【釋】

在敵我相距甚遠的地域内作戰,雙方勢均力敵,難以挑戰,勉强出戰就會陷於不利的地位。

【按】

此節孫子言"遠形"之地,說明在"遠形"之地作戰宜採取的應對之策。

凡此六者,地之道也,將之至任,不可不察也。

【釋】

上述六點,是作戰時運用地形的原則。掌握這些原則,是將帥的重大責任,因而不可不認真加以考察和研究。

【按】

此節孫子言對事物的義理辨析為用,說明戰時如何以地形地勢的利弊為用,是將帥的重大責任,因而不可不認真考察、研究之理。

【章按】

此章孫子總言各種不同的地形地勢對於軍隊作戰的不同影響,並因而詳加說明,强調必須因事物的差異而適其變化之理所在,意義甚爲重大。又按:地形地勢對於戰争的重要性,不僅古代如此,就是現代戰争也同樣如此,如朝戰、越戰等就是顯例。

二章

故兵有走者，有弛者，有陷者，有崩者，有亂者，有北者。

【註】

走、弛、北：李氏曰："走：敗走、逃走。""弛：渙散、鬆弛之意。""北：敗北。"

【釋】

軍隊作戰會出現"走"、"弛"、"陷"、"崩"、"亂"、"北"六種情況。

【按】

此節孫子言兵形，説明由於將帥處事不當會引發不同的結果。

凡此六者，非天地之災，將之過也。

【釋】

這些情況，不是由天地所生之災難，而是將領自身的過錯造成的。

【按】

此節孫子言將帥之過，説明將帥用兵作戰因不知如何根據地形地勢料敵、不知如何任將、不知如何治軍從而引發災禍之理。

夫勢均以一擊十，曰走；卒强吏弱，曰弛。吏强卒弱，曰陷；大吏怒而不服，遇敵懟而自戰，將不知其能，曰崩；將弱不嚴，教道不明，吏卒無常，陳兵縱横，曰亂；將不能料敵,以少合衆,以弱擊強,兵無選鋒,曰北。

【註】

懟:李氏曰:"怨恨,這裡有意氣用事的意思。"合衆:《易·序卦傳》曰:"嗑者,合也。"選鋒:類似今之突擊隊、敢死隊。

【釋】

敵我力量相當,却以一擊十,叫做"走";士卒強悍,將吏懦弱,因而管理鬆懈,叫做"弛";將吏強悍,士卒懦弱,因而作戰不肯用命,叫做"陷";偏裨將領易怒,不服從指揮,遇敵怨憤,擅自出戰,主將又不了解其能力,叫做"崩";將帥軟弱,缺乏威嚴,管理、教育無方,軍吏和士卒没有紀律約束,陣容不整,叫做"亂";將帥不能準確判斷敵情,以寡擊衆,以弱擊強,又没有精鋭士卒做前鋒,叫做"北"。

【按】

此節孫子言事物的義理辨析與邏輯之理,説明將帥由於自身問題可導致種種不利局面。

凡此六者,敗之道也,將之至任,不可不察也。

【釋】

凡此以上六種情形,是導致軍隊失敗之原因所在,將帥負有重大責任,對此不可不詳加考察與計議。

【按】

此節孫子言將帥之至任。説明將帥用兵作戰,必須克服自身存在的各種問題,而達克敵制勝之目的。

【章按】

此章孫子總言將帥由於自身處事的種種缺陷而嚴重影響軍隊的兵形兵勢,造成不僅不能克敵制勝自己反被敵人所勝之原因所在,説明將帥對自身處事的種種缺陷必須加以克服方能克敵制勝之理。又按:孫子此論與直至近代歐洲形而上學之論與辨證法之論的最大區别是:形而上學論者與辯證法論者的出發點歸結都是以如何加强力量、創造條件從而克敵制勝爲根本所在,而孫子此論的出發點却是以如何克服自己不易發現的問題從而克敵制勝爲根本所在。孫子所論,細致入微,實屬典型的中國易學的以衆物的互動互變爲用的認識論與方法論。

三章

夫地形者,兵之助也;料敵制勝,計險阨遠近,上將之道也。

【註】

上將:謂上智將帥。李氏曰:"上將,古時軍中將之最尊者,非指上軍之將。一説指高明、賢能之將。"

【釋】

所謂地形,是用兵作戰時用來幫助我們戰勝敵人的輔助條件;準確地了解、判斷敵情,積極創造獲勝的條件,研究地形的險阨,計算道路的遠近,這些都是賢能將帥的職責。

【按】

此節孫子言上將之道,説明以地形、兵形與謀略三者的如何合一為用克敵制勝是軍中將帥的責任所在,所論深刻入微、奥義無窮。

知此而用戰者必勝,不知此而用戰者必敗。

【釋】

懂得這些道理而指揮作戰的,必定能勝利;不懂得這些道理而指揮作戰的,則必定要失敗。

【按】

此節孫子言地形對於將帥指揮作戰的重要影響,說明將帥懂得利用地形與否是克敵制勝的重要因素之理。

故戰道必勝,主曰無戰,必戰可也;戰道不勝,主曰必戰,無戰可也。

【釋】

所以,從戰爭的規律看必定能獲勝時,即使國君說不要打,也應該堅决地打;從戰爭的規律看不能獲勝時,即使國君説要打,也應該堅决地不打。

【按】

此節孫子言將帥與君主之關係,説明指揮作戰的將帥在决定戰與不戰時,應一切以能否克敵制勝為出發點,而不應以君主所令為轉移。參《九變篇第八》的"君命有所不受"之義。

故進不求名,退不避罪,唯民是保,而利於主,國之寶也。

【釋】

所以,進不求名,退不避罪,唯一的目的是保護民衆、利於君主,這樣的將領對國家來説是最可寶貴的。

【按】

此節孫子言將帥之個人修為,説明將帥應具備"進不求名"、"退不避罪",以保民、利主為唯一目的品德。參孔子的"君子之於天下也,無適也,無莫也,義之與比"(《論語》·里仁)之義。又按:由此可見中國的兵學理論與古來歐洲人的一些國家及世界上其他一些民族崇尚武力的兵學理論的區别所在。

【章按】

此章孫子總言地形、兵形與謀略三種因素對於戰争的綜合作用,以及能够做到"進不求名"、"退不避罪",以保民、利主爲唯一目的的將帥方爲"國之寶"的道理。

四章

視卒如嬰兒,故可與之赴深谿;視卒如愛子,故可與之俱死。

【釋】

對待士卒就像對待嬰兒一樣,所以方可以率領他們赴湯蹈火;對待士卒就像對待自己的愛子一樣,所以方可以與他們同生共死。

【按】

此節孫子言如何方能携手若使一人,説明指揮作戰的將帥應愛護、關心士卒,如此方能使士卒與將帥的一起赴湯蹈火、同生共死之理

愛而不能令,厚而不能使,亂而不能治,譬如驕子,不可用也。

【釋】

但是,如果一味兒溺愛而指揮不動他們,一味兒厚待而驅使不了他們,他們即使違法亂紀也不能懲治,那麼士卒就會像驕縱慣了的孩子,是不能用來作戰的。

【按】

此節孫子言治軍應剛柔相濟、寬嚴為用之理,説明將帥對待

士兵應愛而能令、厚而能使、亂而能治，以使之可用。

【章按】

此章孫子總言將帥對士卒應關愛也應約束，以達上下一心、克敵制勝之目的。

五章

知吾卒之可以擊，而不知敵之不可以擊，勝之半也；知敵之可擊，而不知吾卒之不可以擊，勝之半也。

【釋】

將帥如果祇知道自己兵卒訓練有素、兵力强可以出擊，而不知由於敵情的原因不可以出擊，勝利的可能性祇有一半；祇知道敵情可以出擊，而不知由於自己兵卒訓練、兵力不强的原因不可以出擊，勝利的可能性也祇有一半。

【按】

此節孫子言事物的義理辨析，說明祇有既知道自己的情況如何又知道敵人的情況如何方能打有把握之仗之理。

知敵之可擊，知吾卒之可以擊，而不知地形之不可以戰，勝之半也。

【釋】

如果祇知道敵情可以出擊，自己兵卒也可以出擊，而不知地形地勢之不可以出擊，勝利的可能性也祇有一半。

【按】

此節孫子言事物的義理辨析，說明用戰祇有既知道自己的情況，又知道敵人的情況，也知道地形地勢是否有利，方能打真正有把握之仗之理。

故知兵者,動而不迷,舉而不窮。故曰:知彼知己,勝乃不殆;知天知地,勝乃可全。

【註】

不殆:李氏曰:“没有危險。殆,危險。”

【釋】

所以,懂得用兵藝術的將帥,有所行動而不會迷失,有所舉措能應變無窮。因此説:既了解敵人,又了解自己,方能獲勝而没有危險;既懂天時,又懂地利,勝利方能萬無一失。

【按】

此節孫子言事物的深入義理辨析,並言以中國易學的衆物互動互變為用而達目的之理,説明衹有如此方能最大限度地獲得萬無一失的勝利。

【章按】

此章孫子總言將帥用兵一定要能既知道敵情如何,又知道己情如何,同時又知道天時地利如何,方能最大限度地獲取萬無一失的勝利之理,説明衹有如此方是善於用兵的將帥之道。不難看出,孫子所論直至今日仍放射出耀眼的真理光輝。

九地篇第十一

一章

孫子曰:用兵之法,有散地,有輕地,有争地,有交地,有衢地,有重地,有圮地,有圍地,有死地。

【註】

散地:謂兵力不能集中易於潰散之地。輕地、争地、交地、重地:李氏曰:"輕地:進入敵境不深,士卒可以輕易返回,故稱這樣的地區爲'輕地'。""争地:我得亦利、彼得亦利則必争奪,故這類地區被稱爲'争地'。""交地:指地勢平坦、道路縱横、交通便利的地區。""進入敵方境内深、背後有衆多敵方城邑的地區,叫'重地'。"衢地、圮地、圍地、死地:見《九變篇第八》所釋。

【釋】

孫子説:根據用兵原則,作戰的地形空間可以分爲"散地"、"輕地"、"争地"、"交地"、"衢地"、"重地"、"圮地"、"圍地"、"死地"九種。

【按】

此節孫子言作戰地形地勢之種類,説明將帥用兵應首先對地形地勢之差異有清醒的認識。

諸侯自戰其地者,爲散地。入人之地而不深者,爲輕地。我得亦利,彼得亦利者,爲争地。我可以往,彼可以來者,爲交地。諸侯之地三屬,先至而得天下之衆者,爲衢地。入人之地深,背城邑多者,爲重地。山林、險阻、沮澤,凡難行之道者,爲圮地。所由入者隘,所從歸者迂,彼寡可以擊吾之衆者,爲圍地。疾戰則存,不疾戰則亡者,爲死地。

【註】

三:通數。

【釋】

諸侯在自己的國土上作戰,這樣的作戰地域叫做“散地”。進入敵國境内不深,這樣的作戰地域叫做“輕地”。我軍佔領有利、敵軍佔領也有利,這樣的作戰地域叫做“争地”。我軍可以去、敵軍也可以去,這樣的作戰地域叫做“交地”。幾個諸侯國相互毗鄰、先到達就可以得到各國之利,這樣的作戰地域叫做“衢地”。進入敵人境内深、背後有衆多敵方城邑,這樣的作戰地域叫做“重地”。山林、險阻、沼澤等地形難以通過,這樣的作戰地域叫做“圮地”。進路狹窄險隘、退路迂遠曲折、敵人可以用少量兵力對我方進行打擊,這樣的作戰地域叫做“圍地”。迅速拼死奮戰就能生存、不迅速拼死奮戰就將全軍覆没,這樣的作戰地域叫做“死地”。

【按】

此節孫子進一步言上述九種地形地勢之特徵,説明將帥用兵應對地形地勢之特徵及其對作戰的具體影響有充分的瞭解,以達到應變為用之目的。

是故散地則無戰，輕地則無止，争地則無攻，交地則無絶，衢地則合交，重地則掠，圮地則行，圍地則謀，死地則戰。

【釋】

所以，在“散地”不要戀戰，在“輕地”不要遲緩，在“争地”不要强攻，在“交地”不要與盟國斷絶聯係，在“衢地”要設法與各諸侯國結交，在“重地”要掠取敵方的物資，遇到“圮地”要迅速通過，處於“圍地”要巧於謀劃，陷入“死地”要拼死搏鬥。

【按】

此節孫子進一步言不同地形地勢情况下的應對策略，説明將帥面對不同的地形地勢必須採取不同的策略，否則必將陷入困境。

【章按】

此章孫子總言將帥用兵應首先對各種不同的地形地勢有清醒的認識，同時説明要因地應變，根據不同的地形地勢做出正確的决斷，以達克敵制勝之目的。

二章

古之善用兵者，能使敵人前後不相及，衆寡不相恃，貴賤不相救，上下不相收，卒離而不集，兵合而不齊。合於利而動，不合於利而止。

【註】

衆寡：李氏曰：“此處指同一方之大部隊與小部隊之間，亦即各個部分之間。”貴賤：《周易·繫辭傳》曰：“卑高以陳，貴賤位矣。”亦即指主營與從營之陳，或謂主營與屬營之陳。如現時的軍、師、團、營、連間的主從關係。

【釋】

以往善於用兵的將帥,能使敵軍前隊與後隊無法相互顧及,大隊人馬與小隊人馬之間無法相互依恃,主營與從營之間無法相互救應,將帥與兵卒之間無法相互靠攏,士卒離散而不能集中,即使集中起來陣形也無法整齊。總而言之,對我有利就行動,不利就停止行動。

【按】

此節孫子言攻敵及利動原則,説明古代善於用兵的將帥能以中國易學的衆物互動互變為用,遵循利動原則,達到瓦解敵陳而克敵制勝之目的。

敢問:敵衆整而將來,待之若何? 曰:先奪其所愛,則聽矣。

【釋】

試問:敵人衆多而且嚴整,將要向我方發起進攻,用什麽辦法對付他們呢? 回答是:先打擊並奪取其最爲重視的要害之處,他就會聽從我們的擺布了。

【按】

此節孫子言擊敵要害,説明將帥應以中國易學的衆物互動互變為用,打擊敵之要害之處,以收致敵被動之效果。

兵之情主速,乘人之不及,由不虞之道,攻其所不戒也。

【釋】

用兵打仗的一個基本特點在於神速,要乘敵人來不及準備,由敵人想不到的路徑,攻擊其没有戒備的地方。

【按】

此節孫子言兵情之基本特點,説明將帥用兵應乘敵來不及反應,"由不虞之道",準確神速地攻擊其没有戒備的地方。

【章按】

此章孫子總言將帥用兵應以中國易學的衆物互動互變爲用,以達主動、有效、神速克敵制勝之目的。

三章

凡爲客之道,深入則專,主人不克;掠於饒野,三軍足食;謹養而勿勞,并氣積力,運兵計謀,爲不可測。

【註】

客:李氏曰:"古時稱主動前往進攻的一方和在國外作戰的軍隊爲客軍。"

【釋】

大凡進入敵國境内作戰,一般的規律是:我軍深入敵國境内,軍心就會專一、堅定,從而使敵人無法戰勝;在敵人豐饒的原野上掠取糧草,三軍的給養也就有了保障;要注意休養士卒,使他們不要過於疲勞,激勵士氣,蓄積力量,部署兵力,巧設計謀,使敵人無法判斷我方的真實意圖。

【按】

此節孫子言深入敵境作戰,説明深入敵境之後,軍心必將專一、堅定,祗要能"因糧於敵",保持戰力,巧用計謀,就完全可以克敵制勝。

投之無所往,死且不北,死焉不得,士人盡力。兵士甚陷則不懼,無所往則固,入深則拘,不得已則鬥。

【釋】

把部隊置於無路可走的絶境,士卒就會即使戰死也不後退;戰死已無什麽遺憾,士卒就一定會竭盡全力。士卒深陷危境,心里反而會不再恐懼;無路可走,軍心就會穩固;進入敵人境内深,軍隊就不會渙散;到了迫不得已的時候,士卒就會殊死搏鬥。

【按】

此節孫子仍言深入敵境作戰,進一步説明深入地境之後將士們所以會"盡力"、"不懼"、"死且不北"的原因所在。

是故其兵不修而戒,不求而得,不約而親,不令而信,禁祥去疑,至死無所之。

【註】

禁祥去疑:李氏曰:"禁止談論和預卜吉凶禍福,消除軍中疑慮和謡言。"

【釋】

所以,這樣的軍隊,不待管理就會自動戒備,不待要求就會拼死效力,不待約束就會互相團結,不待申令就會遵守紀律,禁絶迷信,消除疑慮,他們至死也不會逃走。

【按】

此節孫子仍言深入敵境作戰,進一步説明深入敵境作戰的益處和擯棄鬼神迷信、消除軍中疑慮及謡言的重要性。參孔子的"政者,正也"(《論語·顔淵》)之義和"不語怪、力、亂、神"(《論語·述而》)之義。又按:孫子所論非常重要,這一思想也是為中國歷代名將所奉行的;同是,這也是中國人無神論的義理文化與歐洲人有神論的上帝文化的重要區别所在。

吾士無餘財,非惡貨也;無餘命,非惡壽也;令發之日,士卒坐者涕霑襟,偃卧者涕交頤;投之無所往,諸、劌之勇也。

【註】

諸、劌:李氏曰:"諸,指春秋時勇士專諸,公元前515年爲吴公子光刺殺吴王僚,自己也當場被殺。劌,底本作'歲',即曹劌,又作曹沫,春秋時魯國勇士,曾在齊魯柯地(今山東陽穀東北阿城鎮)會盟時劫持齊桓公,迫其與魯國定立盟約,歸還所侵魯國土地。"

【釋】

我軍將士没有餘財,不是不愛財;没有多餘的性命,也不是不喜歡有壽;作戰命令發佈之日,士卒坐着的都泪濕衣襟,躺着的都泪流滿面,説明他們是愛惜自己的生命的。然而,一旦把他們置於無路可走的絶境,他們就會像專諸和曹劌一樣勇敢。

【按】

此節孫子仍言深入敵境作戰,進一步説明衹要能深入敵境,運兵計謀得當,士卒雖也愛財惜命,但也會産生專諸和曹劌一樣的勇氣與行動。

【章按】

此章孫子總言深入敵境作戰,詳細説明深入敵境作戰的益處。

四章

故善用兵者,譬如率然。率然者,常山之蛇也,擊其首則尾至,擊其尾則首至,擊其中則首尾俱至。

【註】

率然:李氏曰:"古時傳説中的一種蛇。《神異經·西荒經》:'西方山中有蛇,頭尾差大,有色五彩。人、物觸之者,中頭則尾至,中尾則頭至,中腰則頭尾併至,名曰率然。'"常山:李氏曰:"簡本作'恒山',即五岳中之北岳,在今山西渾源南,西漢時爲避漢文帝劉恒諱,改稱'常山'。"

【釋】

故而善於用兵的將帥,他所指揮的部隊就像率然一樣。這里所説的率然,指的是常山的一種蛇,這種蛇打它的頭部尾部就會來救應,打它的尾部則頭部就會來救應,打它的腰部則頭尾會一齊來救應。

【按】

此節孫子言將帥之用衆受敵,説明善於用兵的將帥其指揮兵衆會像"率然"一樣靈活,遇敵攻擊必能相互救應。參《兵勢篇第五》的"形圓而不可敗"之義。

敢問:可使如率然乎?曰可,夫吴人與越人相惡也,當其同舟濟而遇風,其相救如左右手。是故方馬埋輪,未足恃也。

【註】

方馬埋輪:李氏曰:"把馬併列拴在一起,把車輪埋起來。這是古代作戰時一種固結軍心的辦法。方,併列。"

【釋】

試問:可以使部隊像"率然"一樣靈活嗎?回答是:可以。吴國人和越國人是互相仇視的,但當同船渡河遇到大風時,他們相互救援就會像左手與右手一樣協調地密切配合。所以,想用併縛戰馬深埋車輪的辦法來穩定軍心,是靠不住的。

【按】

此節孫子言固結軍心,説明將帥指揮作戰應使將士如同舟共濟之人一樣密切配合,共同對敵,而不能靠"方馬埋輪"來固結軍心。

齊勇若一,政之道也;剛柔皆得,地之理也。故善用兵者,携手若使一人,不得已也。

【註】

剛柔皆得,地之理也:爲中國易學的陰陽合德、剛柔相濟而成事成業之理。參《周易·繫辭傳》的"陰陽合德而剛柔有體"與《易·說卦傳》的"是以立天之道曰陰與陽,立地之道曰柔與剛"之義。

【釋】

使將士同心協力奮勇作戰如同一人,是將帥統御軍隊應當遵循的原則;要想使部屬至相配合都發揮更大作用,將帥就必須懂得恰當運用各種不同地形地勢的道理。所以,善於用兵的人,指揮三軍就好像指揮一個人,這是因爲他把部隊置於不得不如此的境地的緣故(分別參《始計篇第一》的"主孰有道"、"將孰有能"與《謀攻篇第三》的"上下同慾者勝"之義,《軍形篇第四》的"善用兵者,修道而保法,故能爲勝敗之政"與上篇《地形篇第十》的"進不求名,退不避罪,唯民是保,而利於主,國之寶也"之義)。

【按】

此節孫子言何為善用兵者,説明要使士衆齊勇若一、剛柔皆得、相互配合有如一人,需靠君主與將帥的共同努力。

【章按】

此章孫子總言將帥所統兵衆應如同常山率然之蛇一樣靈活,遇敵能相互救應,以及慾使百姓兵衆齊勇若一、剛柔兼得,必須君主有道、將帥有能。

五章

將軍之事,静以幽,正以治,能愚士卒之耳目,使之無知。易其事,革其謀,使人無識。易其居,迂其途,使人不得慮。

【釋】

作爲一名統帥軍隊指揮作戰的將領,應當沉着鎮静而幽深莫測,嚴明公正而有條不紊(参《周易·文言》的"貞固足以幹事"之義),能蒙蔽士卒的耳目,使他們對核心事情都毫無所知(参《虛實篇第六》的"無形則深間不能窺"之義)。要不斷地變動部署,改變計劃,使敵人無法識破己方的計謀和策略(参《虛實篇第六》的使敵"智者不能謀"之義)。要不時地更換駐地,故意使行軍路綫變得迂遠,使敵人無法準確判斷我方的真正意圖(参《始計篇第一》的"兵者,詭道也"與《軍爭篇第十》的"兵以詐立"之義)。

【按】

此節孫子言如何為將帥,主張將帥應能"能愚士卒之耳目",能"使人無識"、"使人不得慮"。

帥與之期,如登高而去其梯;帥與之深入諸侯之地而發其機,若驅群羊,驅而往,驅而來,莫知所之。

【註】

發其機:李氏曰:"扣動弩機。這裡指將帥統率部隊進入敵境之後,像扣動弩機射出箭矢一樣,使部隊一往無前。"

【釋】

將帥向部隊部署作戰任務,要像讓其登高後去掉梯子一樣,使之能有進無退。將帥帶領部隊深入諸侯之地後,要像扣動弩機射出箭矢那樣,使之一往無前,像驅趕着羊群一樣,趕過去,趕過來,而他們却不知道究竟要到哪里去。

【按】

此節孫子言將帥之如何指揮士卒,認為將帥用兵應如"登高去梯",如"發其機",如"驅群羊"(參《兵勢篇第五》的"激水之疾,至於漂石者,勢也。鷙鳥之疾,至於毀折者,節也"與"勢如彍弩,節如發機"之義)。

聚三軍之衆,投之於險,此將軍之事也。

【釋】

集中三軍兵力,把他們投入危險境地,迫使他們拼死戰鬥,這是將帥應當能够做到的事情。

【按】

此節孫子仍言將帥之如何指揮士卒,認為將帥應有將"三軍之衆"投入"險境"的能力,因為不如此則難以克敵制勝。

九地之變,屈伸之利,人情之理,不可不察也。

【釋】

前述各種地形地勢不同特點的所有差異與變化,作戰中進退攻守究竟怎樣方算有利,人情世態條件下所導致的將士心理變化規律,將帥均不可不認真加以考察和研究。

【按】

此節孫子言將帥責任之至重,認為將帥必須詳察"九地之變,屈伸之利,人情之理",否則將難以指揮士卒克敵制勝。

【章按】

此章孫子總言將帥處置軍機之事責任重大,宜天文地理無所不曉,人情世故無所不通,說明將帥應通達中國易學的衆物互動互變所在爲用方能克敵制勝之理。

六章

凡爲客之道,深則專,淺則散。去國越境而師者,〔争〕地也;四通者,衢地也;入深者,重地也;入淺者,輕地也;背固前隘者,圍地也;無所往者,死地也。

【註】

〔争〕地也:原文爲"絶地也"。以文義與文理,並參《九變篇第八》的"絶地無留"之義,應爲"争地也","絶"字當爲錯簡而致或轉鈔而誤。李氏亦曰:"這裡對'九地'衹提到了'衢地'、'重地'、'輕地'、'圍地'、'死地'而未及'交地'、'争地'、'圮地'和'散地',但却多出了'絶地',且其對'絶地'的解釋是'去國越境而師者'。根據前文的解釋可知,'去國越境而師者','不深'則爲'輕地','深'則爲'重地',並無'絶地'之說。所以,此處很有可能有錯簡或訛誤。"無所往者與"投之無所往",其意根據文義有所不同,"投之無所往"爲知有敵而似無敵所往,"無所往者"其意應爲不知有敵而似無敵所往。

【釋】

大凡出國作戰,一般的規律是:進入敵國境内越深,軍心就越是穩固專一;進入敵國境内越淺,軍心就越是容易散漫。離開本國,越過邊境,進入敵國,這樣的作戰地域叫做"争地";四通八達,交通便利,這樣的作戰地域叫做"衢地";進入敵國境内深遠,這樣的作戰地域叫做"重地";進入敵國境内淺近,這樣的作戰地域叫做"輕地";背後地勢險要,前面進路狹隘,這樣的作戰地域叫做"圍地";四周險要,無路可走,這樣的作戰地域叫做

"死地"。

【按】

此節孫子言將帥統兵進入敵國後所可能遇到的各種地域情況,如"[争]地"、"衢地"、"重地"、"輕地"、"圍地"、"死地"等。

是故散地吾將一其志,輕地吾將使之屬,争地吾將趨其後,交地吾將謹其守,衢地吾將固其結,重地吾將繼其食,圮地吾將進其途,圍地吾將塞其闕,死地吾將示之以不活。

【釋】

所以,對不能集中兵力取敵之"散地",我將統一將士們的意志;對臨近我方邊境之"輕地",我將加强各部之間的聯係;對需進行争奪之"争地",我將迂其途而後發先至;對敵我雙方都可以往來之"交地",我將謹慎地進行守禦;對四通八達交通便利之"衢地",我將努力鞏固與友鄰的關係;對敵城邑多而富饒之"重地",我將掠其糧草財物爲我用;對道路崎嶇難行之"圮地",我將指揮部隊迅速通過;對後險前狹之"圍地",我將派兵堵塞住其缺口以防敵人攻擊;對已處險境没有出路之"死地",我將對兵衆表明死戰到底的决心。

【按】

此節孫子言不同地域環境對作戰的影響,説明將帥在各種類型的地域環境中應當採取的不同舉措。

故兵之情,圍則禦,不得已則鬥,過則從。

【註】

禦:抵禦。

【釋】

所以,將士的一般心理特點是:被敵人包圍就會設法抵禦,迫不得已就會殊死搏鬥,陷入絶境就會聽從指揮。

【按】

此節孫子言將士在一般情況下的心理特點,説明將帥應遵循客觀規律和人情常理用兵。

【章按】

此章孫子總言進入敵境後可能遇到的種種地域情况,認爲將帥不僅要懂得在不同地域中的應對策略,而且還要善於循客觀規律和人情常理用兵。

七章

是故四五者,一不知,非〔王霸〕之兵也。夫〔王霸〕之兵,伐大國,則其衆不得聚,威加於敵,則其交不得合。

【註】

是故四五者:宋傳本在"是故"與"四五者"之間有"不知諸侯之謀者,不能豫交;不知山林、險阻、沮澤之形者,不能行軍;不用鄉導者,不能得地利"數語,前見於《軍争篇第七》,復出於此,於此文義文理不適,當有錯簡所致,故删。李氏亦曰:"此句已見《軍争第七》,疑係衍文。"四五者:四,備也,具備也;五,運也,運行也(見拙著《周易今釋》卷首《緒論:人經研究》之《關於對中國文字學的研究》)。從對孫子常有用一、三、九之字義觀之,孫子是將一作爲始數,三作爲通數,九作爲極數之義而用的,因此"四"爲孫子泛指在南北東西、天時地利、陰陽剛柔、地勢兵勢中我於事是否已經有所準備而言,"五"爲孫子泛指在敵我雙方事物的互動互變與衆物的互動互變中我於事是否已能掌控生息勝克之規律而言(參《虛實篇第六》的"故五行無常勝,四時無恒位"之義)。王霸:宋傳本爲"霸王"。李氏曰:"簡本作'王霸'。"今從簡本改。

【釋】

所以,將帥用兵作戰對南北東西、天時地利、陰陽剛柔、地勢兵勢方面的條件是否已經有所準備,與對敵我雙方事物的互動互變以及衆物的互動互變中是否已能掌控生息勝克之規律,如有一項不知,則不可能成爲輔佐王業稱霸諸侯之兵。因爲真正的輔王業霸諸侯之兵(順註:從孫子在《謀攻篇第三》中所言的“必以全争於天下”思想來看,是齊桓公與管仲的輔王業霸諸侯之兵,而非爲奪取王業之兵),征討大國,則其國的兵衆不能得以聚集;威加於敵,則其國的邦交不能得以聯合。

【按】

此節孫子言何為“王霸”之兵,認為將帥必知“四五”之事,方能統帥軍隊成為輔佐王業稱霸諸侯之兵。

是故不争天下之交,不養天下之權。信己之私,威加於敵,故其城可拔,其國可隳。

【註】

不養天下之權:李氏曰:“……不必在各國中培植自己的勢力。”隳:李氏曰:“同‘墮’,……意爲毀滅。”

【釋】

所以,沒有必要争着與諸侯們結交,也沒有必要在别國中培植自己的勢力。要相信自己的力量和智慧,把兵威加到敵人的頭上,就能攻拔其城邑、摧毁其國都。

【按】

此節孫子言外交與在敵國培植自己的勢力,認為與增强自己的國力、戰力相比較,這些都不是非常重要的,重要的是自己必須具有拔敵城、毀敵國的强大實力。揆諸當今之世界,只要不走向片面和極端,我們不能不説孫子所論的確是極其深刻的。

使無法之賞,懸無政之令,犯三軍之衆,若使一人。犯之以事,勿告以言;犯之以利,勿告以害。投之亡地然後存,陷之死地然後生。夫衆陷於害,然後能爲勝敗。

【註】

懸、犯:李氏曰:“懸:懸挂,引申爲頒發、頒佈。”“犯:驅使、使用。”

【釋】

施行超出慣例的奬賞,頒佈打破常規的法令,指揮三軍將士就像指揮一個人一樣。向部下布置任務,却不告訴他其中的意圖;衹告訴他有利的條件,却不告訴他不利的因素。將部隊投入絶地,方能使部隊得以保全;將部隊陷於死地,方能使部隊得以生存。這是因爲,軍隊衹有陷於危亡境地,方能轉敗爲勝。

【按】

此節孫子言將帥在與敵决勝時,應如何驅使全體士衆拼死向前、死戰求生(勝),説明戰場上必死則生、慾生則死的辯證道理。

故爲兵之事,在順詳敵之意,并敵一向,千里殺將,是謂巧能成事。

【註】

順詳:李氏曰:“順察、慎察。順,通‘慎’。詳,詳悉、知悉。”

【釋】

所以,用兵打仗,關鍵在於謹慎地觀察敵人的意圖,然後集中兵力於一個方向,千里奔襲而擒殺敵之將領——這就是所謂的巧於用兵而能完成作戰任務。

【按】

此節孫子言將帥之如何决勝,説明即使面對强敵,衹要能"順詳敵之意"並且"併敵一向",就能"千里殺將"、"巧能成事"的道理。

【章按】

此章孫子總言用兵作戰將帥必須知"四五者"之事及如何指揮三軍與敵戰場决勝並必能獲得勝利的道理。

八章

是故政舉之日,夷關折符,無通其使,厲於廊廟之上,以誅其事。

【註】

夷關折符:李氏曰:"封鎖關口,廢除通行憑證。夷,削平、毁滅,引申爲封鎖。符,古代的通行憑證。"

【釋】

所以,當决定對敵用兵時,要封鎖各處關卡,廢除通行憑證,不準敵國使者往來,而在廟堂之上反復籌劃,以求作出正確的戰略決策。

【按】

此節孫子與《始計篇第一》呼應,言"政舉之日"一些重要的具體措施,説明戰爭並非單純的軍事問題。

敵人開闔,必亟入之,先其所愛,微與之期,踐墨隨敵,以决戰事。是故始如處女,敵人開户;後如脱兔,敵不及拒。

【註】

微:不明確。

【釋】

敵人一旦有隙可乘,則務必迅速乘虛而入,首先奪取敵人的戰略要地,却不輕易地與敵人約期决戰。既要按照既定的作戰計劃行動,又要因敵制變、靈活地根據敵情採取措施。開始要像處女那樣沉静,敵人一旦放鬆戒備,就要像逃脱的野兔那樣迅速出擊,使敵人措手不及、無法抵抗。

【按】

此節孫子言如何乘敵之隙和如何出其不意,説明以静制動、以速制敵的道理。

【章按】

此章孫子總言"政舉"之後的具體措施和如何乘敵之隙,説明戰争之綜合性與動態性特點。

火攻篇第十二

一章

孫子曰:凡火攻有五,一曰火人,二曰火積,三曰火輜,四曰火庫,五曰火隊。

【註】

火隊:李氏曰:“一說,‘隊’同‘隧’,通‘路’,故‘火隊’即焚燒敵之運輸設施,如車船、橋梁、棧道等。賈林註:‘燒絶糧道及轉運也。’”

【釋】

孫子説:凡火攻有五種,一是燒絶敵軍人馬,二是燒絶敵軍儲備,三是燒絶敵軍輜重,四是燒絶敵軍倉庫,五是燒絶敵軍運輸設施。

【按】

此節孫子言以火為用,説明以火攻敵的五種方式。又按:這裡雖祇言用火,但可見孫子指導作戰是處處以按五行之事索情作為出發點的。

行火必有因,烟火必素具。發火有時,起火有日。時者,天之燥也。日者,月在箕、壁、翼、軫也;凡此四宿者,風起之日也。

【註】

箕、壁、翼、軫:李氏曰:“古代二十八宿中四座星宿的名稱。古代天文學家認爲,當月亮運行經過這四座星宿的時候,就會起風。”

【釋】

實施火攻必須具備一定的條件,而這些條件必須平時準備好。發動火攻還要看天時,何時縱火也要選定日期。所謂天時,是指氣候乾燥的季節。所謂日期,是指月亮運行經過箕、壁、翼、軫四座星宿的時候。因爲凡是月亮經過這四座星宿的時候,也就是起風的日子。

【按】

此節孫子言火攻要事先有所準備,並選擇良好的天時和準確日期。又按:火攻之重要可從後漢周瑜、諸葛孔明赤壁火燒曹操數十萬大軍略見一斑。

【章按】

此章孫子總言以火攻方式克敵制勝,與火攻必須依據良好的天時、日期方能奏效之理,説明依據良好天時之重要性所在。

二章

凡火攻,必因五火之變而應之。火發於内,則早應之於外,火發而其兵静者,待而勿攻,極其火力,可從則從之,不可從則止。火發於外,無待於内,以時發之。火發上風,無攻下風。晝風久,夜風止。

【釋】

凡用火攻,必須根據上述五種火攻方式的變化而調動兵力進行策應:若是從敵軍内部放火,就要事先派兵從外部策應;火已燃起，而敵軍却依然鎮静，這時就要等待一下，可以進攻就進攻，不可以進攻就不要進攻；火攻也可以從敵軍外部發動，但這樣就不必等待内應，衹要抓住適當時機放火就行了；火攻要從上風發起，但不要從下風進攻。一般説，白天風刮得時間長，而夜間則容易停住。

【按】

此節孫子言火攻過程中之具體問題，説明火攻必須根據敵情之不同而採取具體應變之策的道理，充分體現了孫子靈活用兵的思想。

凡軍必知五火之變，以數守之。故以火佐攻者明，以水佐攻者强。水可以絶，不可以奪。

【註】

數，即敵我事物在互動互變中於我順利與逆斥之指數。參《周易·繫辭傳》的“錯綜其數，通其變，遂成天地之文。極其數，遂定天下之象”與《周易·説卦傳》的“參天兩地而倚數”之義。

【釋】

凡軍隊將帥必知需根據五種火勢所成敵之不同變化，以於我順利與逆斥之數如何而爲用擊敵取敵。所以，軍隊必須懂得五種火攻方式的具體變化，並能準確地掌握好時機，靈活地加以運用。以火輔佐進攻效果顯著，以水輔佐進攻威力强大。但是，水衹能將敵人隔絶開來，却不能徹底擊敗敵人。

【按】

此節孫子言知火之數用，此處雖亦言水但不多言，可見孫子並不願多絶敵兵衆之性命。又按：孫子既言必知以五火之變化與所成事物互動互變為用，又言於我順利與逆斥之數如何而守之以克敵制勝。於此,亦可見中國易學博大精深之一斑。

【章按】

此章孫子總言以五火之變於敵不同情形之變,與以其數之如何爲用之理,說明將帥應知此而成克敵制勝之局。全章隱含着孫子對敵攻心爲上、殺戮爲下之至仁至義情懷。

三章

夫戰勝攻取而不修其功者凶,命曰費留。故曰:明主慮之,良將修之。

【註】

不修其功:李氏曰:"指不能鞏固勝利成果。"

【釋】

戰勝攻取而不能鞏固勝利成果的,叫做"費留",其結果是很危險的。所以,明智的君主會慎重地考慮這個問題,優秀的將帥會嚴肅地對待這個問題。

【按】

此節孫子言世理與自修功德,說明戰勝攻取後,對其地百姓自修功德之重要性所在。又按:由此也可見中國人的哲理思想文化,與古來歐洲一些國家及世界其他一些民族衹知掠取之思想文化截然不同之所在。同時也可見中國人所以能成衆多人口聚合、遼闊疆域統一國家之原因所在。

非利不動,非得不用,非危不戰。主不可以怒而興師,將不可以愠而致戰,合於利而動,不合於利而止。

【釋】

没有利處不要行動,没有獲勝的把握不要用兵,不到危急關頭不要輕易開戰。國君不可因爲一時的惱怒而興兵，將帥不可因爲一時的怨恨而交戰。符合我們的利益就行動，不符合我們的利益就停止。

【按】

此節孫子言世義與克制戰爭衝動，説明衹有如此方是明君良將之道理所在。

怒可以復喜，愠可以復説，亡國不可以復存，死者不可以復生。故明主慎之，良將警之，此安國全軍之道也。

【註】

説，兑從言，得取、得釋。《説文》曰："説，釋也。"（順註：由"説"字之義可見，傳本《孫子兵法》之成書時間無疑幾近於《論語》）

【釋】

惱怒可以再變得歡喜，怨恨可以再變得釋懷，但已經滅亡的國家不可能繼續存在下去，已經死了的人也不可能重新活過來。所以，明智的君主對待戰爭一定要慎重，優秀的將帥對待戰爭一定要警惕。——這是安定國家和保全軍隊的根本原則。

【按】

此節孫子言保民與安國全軍，説明君主與將帥不可以因怒而成國亡、因愠而致軍滅局面之道理所在。又按：這也是中國歷來朝政所以不對周邊民族進行侵掠，而倡導國家民族之間和諧相處而成興盛之世之重要原因所在。

【章按】

此章孫子總言戰勝攻取後應自修其功、克制戰爭衝動，與君主不可以因怒而興師、將帥不可以因愠而致戰之理，説明一切應遵循以國家與百姓之利益如何而動而止之安國全軍之道行事。孫子所論,體現着中華民族優秀傳統文化的根本所在,意義極其重大。

用間篇第十三

一章

孫子曰:凡興師十萬,出征千里,百姓之費,公家之奉,日費千金;内外騷動,怠於道路,不得操事者,七十萬家。

【註】

不得操事者,七十萬家:李氏曰:"據説按古代井田制規定,八家爲一個生産單位,一家有人應徵,其餘七家都要供給其費用,故興師十萬,就會使七十萬家不能正常安排農事。這裡是用以形容戰争對正常農事影響之大。"

【釋】

孫子説:凡是動用十萬兵力,千里征戰,百姓的費用,公室的開支,每天的花費需千金之多。國家將會動蕩不安,民夫爲供應部隊給養及其他差役要疲憊地在途中奔走,不能正常從事耕作生産的可達到七十萬家。

【按】

此節孫子言興師用兵之耗財損民,説明興師用兵將會給百姓生活和國家安定帶來巨大影響。參《始計篇第一》的"兵者,國之大事”之義。

相守數年,以争一日之勝,而愛爵禄百金,不知敵之情者,不仁之至也,非人之將也,非主之佐也,非勝之主也。

【釋】

與敵人相持數年,目的無非是要争一日之勝,然而却又吝惜爵禄和金錢,不肯重用間者,以至於對敵人的情况一無所知,實在是最不仁不義的了,這樣的人既不配做軍隊的統帥,也不配做國君的助手,更不會成爲勝利的主宰者。

【按】

此節孫子言不應因愛爵禄百金而不肯重用間者,從而導致不知敵情,認為這樣的將帥不僅“不仁之至”、不是君主的良好輔佐,而且“非勝之主”。參《火攻篇第十二》的“亡國不可以復存,死者不可以復生”之義。

故明君賢將,所以動而勝人,成功出於衆者,先知也。

【釋】

因此,英明的國君和賢能的將帥,其所以出兵就能克敵制勝,建立的功業超出衆人,在於他們能事先掌握敵情。

【按】

此節孫子言“先知”,説明“先知”是明君賢將所以“能動而勝人”,所以能“成功出於衆”的根本原因。參《地形篇第十》的“知彼知己,勝乃不殆”之義。

先知者,不可取於鬼神,不可象於事:不可驗於度。必取於人,知敵之情者也。

【註】

不可象於事:李氏曰:"一般認爲,此句的意思是:不可以相似的事物進行類比,'象'指比較、類比、比擬。李零先生認爲,此句的意思是:不可依靠象數占筮,'象事'指易筮的'象數之學'。這裡宜取後說。"

【釋】

要事先瞭解掌握敵情,不能靠求神問鬼,不能靠占卜算卦,不能靠察看天象,必須而且衹能求之於人,即從瞭解敵情的人那裡去獲得有用的情報。

【按】

此節孫子仍言"先知",認為"先知""不可取於鬼神,不可象於事,不可驗於度"。此論意義重大,説明中華民族主體文化中之無神論思想早已產生。參孔子的"入太廟,每事問"(《論語·鄉黨》)之義。

【章按】

此章孫子總言興師用兵對國家與百姓的嚴重影響,認爲明君賢將不可以不慎重對待,務必要重用間者,以求得"先知",爲"動而勝人"打下堅實基礎。

二章

故用間者有五:有因間,有内間,有反間,有死間,有生間。

【釋】

使用間者有五種形式,即"因間"、"内間"、"反間"、"死間"、"生間"。

【按】

此節孫子言用間之形式(或曰間者之類型),説明用間大致有五種形式(或曰間者大致有五種類型)。又按:孫子此言的“用間有五”,比上篇所言的“火攻有五”更加精微,更能體現其思慮縝密措施周詳的用兵特點。

五間俱起,莫知其道,是謂神紀,人君之寶也。

【註】

神紀:李氏曰:“神妙莫測的辦法。紀,辦法、原則、法度。”

【釋】

這五種用間形式同時運作起來,没有人能知道其中的奥秘,這就是所謂的神密之法,它是國君制勝的法寶。

【按】

此節孫子言“五間俱起”之妙,認為這是明君賢將瞭解敵情克敵制勝的法寶。

因間者,因其鄉人而用之。内間者,因其官人而用之。反間者,因其敵間而用之。死間者,爲誑事於外,令吾間知之,而傳於敵間也。生間者,反報也。

【註】

誑:狂從言,誑言。誑事,上有人識而誑言者。又註:此節與上文的“五間俱起”一節似倒簡,衹有與上節調動方與下面的“故三軍之事”一節通順,必是曾有錯簡所致。

【釋】

所謂“因間”,是指利用敵方的當地人充當間者。所謂“内間”,是指利用敵方的官員充當間諜。所謂“反間”是指利用敵方的間者充當我方間者。所謂“死間”,是指故意製造並散佈假情報,讓我方間者知道,然後傳給敵間,而一旦敵人上當、真情暴露後,間者將難免一死。所謂“生間”,是指能活着回來報告敵情的間者。

【按】

此節孫子具體言究竟何為“五間”,説明不同之間諜需要有不同之人前去從事。

故三軍之事,莫親於間,賞莫厚於間,事莫密於間。非聖智不能用間,非仁義不能使間。非微妙不能得間之實。

【註】

仁義:此處有至厚至密而至生殺之意。參下節的“間事未發而先聞者,間與所告者皆死”之義。

【釋】

所以,在三軍之中,論與主帥關係親密程度的,没有超過間者的;論獎賞之豐厚程度的,没有超過間者的;論事情之秘密程度的,没有超過間者的。不是聖賢睿智的人不能使用間者,不是至仁至義的人不能指揮間者,不是精細巧妙的人不能得到間者的真實情報。

【按】

此節孫子言間者與主帥之關係,認為主帥與間者的關係應至親、至密、至厚,非“聖智”、“仁義”、“微妙”則不能“用間”、“使間”與“得間之實”。

微哉,微哉!無所不用間也。間事未發而先聞者,間與所告者皆死。

【釋】

間事微之又微,簡直事事處處都可以使用間者! 用間的事還沒有開始行動,而秘密却已經泄露,間者與其所告者必須一律處死。

【按】

此節孫子言間事之極密嚴肅,認為間事如有泄露則必須採取非常之嚴厲手段。

【章按】

此章孫子總言間者之不同類型、其對戰爭勝負之重要影響、主帥與間者之重要關係等,認爲主帥必厚待間者,但對間事未發而泄密之間者則必須採用非常手段。又按:孫子勾畫的用五間與處理間事之圖景一直演繹至今,無論敵我皆用之不絕而未超越之,説明孫子智慧謀略之極其超前性

三章

凡軍之所欲擊,城之所欲攻,人之所欲殺,必先知其守將、左右、謁者、門者、舍人之姓名,令吾間必索知之。

【註】

謁者、門者:李氏曰:"謁者:負責傳達情況的官員。""門者:負責守門的官員。"舍:有距離之義(參《軍爭篇第七》的"交和而舍"的"舍"字之義)。舍人:即在外而能近之人。李氏亦曰:"舍人:主將的門客、幕僚。"

【釋】

凡是部隊要對敵人進行打擊,或是要奪取其城邑,或是要殺掉其有關人員,必須首先了解對方的將領、左右親信、負責傳達命令的官員、守門官吏和門客幕僚的姓名,務必讓我方間者把這

些情況打探清楚。

【按】

此節孫子言己方間者所應當"索知"的情報,認為將帥用兵前必須將對方軍隊、城池、將領等所有有關情況偵查清楚。

必索敵間之來間我者,因而利之,導而舍之,故反間可得而用也。因是而知之,故鄉間、内間可得而使也。因是而知之,故死間爲誑事,可使告敵。因是而知之,故生間可使如期。

【釋】

必須查出敵方派來偵察我方情況的間者,並且加以收買,再對其進行引導,然後放他回去,這樣他就成爲反間而爲我所用了。通過反間掌握了敵情,因而鄉間、内間也就同時可以利用起來了。通過反間掌握了敵情,因而想通過死間傳播的假情報便可以讓他去告訴敵人了。通過反間掌握了敵情,因而就可以使生間按預定時間回來報告消息。

【按】

此節孫子言使用"五間"的具體方法,認為"五間"之中"反間"是關鍵,祇有用好"反間",其他各種類型的間者方可能發揮其應有作用。

五間之事,主必知之,知之在於反間,故反間不可不厚也。

【釋】

關於如何使用這五種間者的事情,國君必須知道,而其中的關鍵在於如何使用反間,所以對反間不可不給予優厚的待遇。

【按】

此節孫子進一步言“反間”的作用,並强調將帥必須厚待“反間”。

【章按】

此章孫子總言用間的重要性、“五間”的具體使用方法和“反間”的關鍵作用所在,説明軍欲擊、城欲破、人欲殺必須先以間索取敵情爲用,“五間”之中必須首先重視“反間”,並應厚待之理。

四章

昔殷之興也,伊摯在夏;周之興也,吕牙在殷。

【註】

伊摯、吕牙:李氏曰:“伊摯:即伊尹。本爲夏桀大臣,後歸商湯,商湯用他爲相,遂滅夏桀。”“吕牙:即周之開國功臣姜尚,又名吕尚、姜子牙,俗稱姜太公。本殷紂王之臣,後被武王用爲‘師’,遂助周滅商。”

【釋】

從前殷商所以能够興起,是由於伊摯曾經長期在夏桀那裡,他十分了解夏的情況;周朝所以能够興起,是由於吕牙曾經長期在殷紂王那裡,他十分了解殷商的情況。

【按】

此節孫子言伊摯在夏為間和吕尚在商為間之事,認為二人分别是殷、周這兩個王朝所以能够興隆的關鍵所在。

故明君賢將,能以上智爲間者,必成大功。此兵之要,三軍所恃而動也。

【釋】

所以,明智的國君和賢能的將帥,凡是能使用最有智慧的人爲間者的,必然能够成就大功業。這是在用兵方面最爲關鍵最爲重要的事情,因爲全軍上下都要依靠他們提供的情報,來决定究竟應當如何行動。

【按】

此節孫子繼續言用間的重要意義,認為凡"能以上智為間者"則"必成大功",這是用兵的要害所在,也是三軍一切行動的依據。

【章按】

此章孫子總言明君賢將要以史爲鑒,認爲明君賢將一定要重用具有上等智慧的人才充當間者,如此方能克敵制勝並使國家興盛發達。

後　記

中國的《周易》、《論語》、《老子》、《孫子兵法》四部書,是中華民族哲學的以及政治、經濟、軍事思想文化中最具根本性的,也是在世界上最有影響力的四大經典著作。作爲一名中國人,應認真讀讀這四部書。

鄙人正是在這一思想的指導下,努力吸收前代賢者與今之俊彦的研究成果,深入研讀這四部典籍,盡可能揭示其哲理思想與文化内涵,並據以撰寫了《周易今釋》、《論語今釋》和《老子今釋》三部書稿,寄呈齊魯書社。因得到書社領導的關懷與支持,經編審李興斌先生親自審閲與編校,這三部書稿已相繼出版。今又撰寫了《孫子兵法今釋》一書,仍寄呈齊魯書社,希望能一併得到出版,結果再次得到書社領導的關懷與支持,仍由李興斌先生繼續審閲、編校、出版,並得著名兵學專家劉慶先生爲之作序,實出望外矣!

鄙人解讀中國這四大經典著作的書稿能在當年周公與太公的封國、孔子與孫子的故鄉齊魯大地上的學術出版社齊魯書社出版,深感莫大的榮幸。但是,由於鄙人學養不足、造詣不高,書中難免出現這樣那樣的錯誤與不當之處,所以懇請學界前輩與讀者多予批評指正爲盼。

最後，鄙人借此機會，謹向關懷與支持鄙人拙著出版的齊魯書社領導表示真誠的感謝！同時也向爲拙著出版付出辛勞的資深編輯、知名學者李興斌先生，資深出版人、杭州出版社副總編輯左亞琳女士，著名國學專家、原中國孔子基金會常務副會長、山東孔子學會會長劉蔚華先生，著名易學專家、中國周易學會秘書長、山東大學教授林忠軍先生，著名國學專家、山東中醫藥大學教授臧守虎先生，著名兵學專家、中國孫子兵法研究會副秘書長、軍事科學院研究員劉慶先生，表示衷心的感謝。

同時，也借此機會向爲不斷關注與支持鄙人寫作的原杭州市西湖區與西湖街道的老領導張維福、范成品，西湖區靈隱街道的領導謝作珍，以及杭州黄龍國際商務中心、黄龍社區的領導陳躍明、李忠海、盧瑩、秦容笛等領導，深表謝意。

鄭張歡

二〇〇九年十月三日於杭州黄龍社區

圖書在版編目(CIP)數據

孫子兵法今釋/鄭張歡著.—濟南:齊魯書社,2010.1
ISBN 978-7-5333-2337-0

Ⅰ.孫...　Ⅱ.鄭...　Ⅲ.①兵法-中國-春秋時代②孫子兵法-注釋　Ⅳ.E892.25

中國版本圖書館CIP數據核字(2009)第218504號

孫子兵法今釋
鄭張歡　著

出版發行	齊魯書社
社　　址	濟南經九路勝利大街39號
郵　　編	250001
網　　址	www.qlss.com.cn
電子郵箱	qlss@sdpress.com.cn
印　　刷	日照日報印務中心
開　　本	850×1168　1/32
印　　張	5.125
插　　頁	2
字　　數	114千
版　　次	2010年1月第1版
印　　次	2010年1月第1次印刷
標準書號	ISBN 978-7-5333-2337-0
定　　價	15.00元